남자의
속마음

KI신서 2058

남자의 속마음

1판 1쇄 발행 2009년 9월 15일
1판 2쇄 발행 2009년 10월 10일

지은이 오풍연 **펴낸이** 김영곤 **펴낸곳** (주)북이십일 21세기북스
기획·편집 김순란, 나은경, 김선미 **디자인** 김기현 **마케팅·영업** 서재필, 최창규, 이희영
출판등록 2000년 5월 6일 제10-1965호
주소 (우413-756) 경기도 파주시 교하읍 문발리 파주출판단지 518-3
대표전화 031-955-2100 **팩스** 031-955-2151 **이메일** book21@book21.co.kr
홈페이지 www.book21.com **커뮤니티** cafe.naver.com/21cbook

값 10,000원
ISBN 978-89-509-2008-1 03040

남자의 속마음

남자라는 이유로 한 번도 속 시원히
털어 놓을 수 없었던 이야기

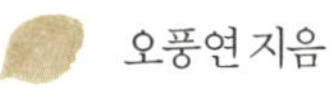 오풍연 지음

21세기북스

중년 기자의 속마음

| 누구보다 다른 사람의 속마음을 가장 궁금해하는 직업이 바로 '기자'일 것이다. 숨겨진 속마음을 캐기 위해 질문을 던지고 자그마한 단서라도 잡으면 집요하게 물고 늘어지는 사람들이 바로 '기자'이다. 그래서 기자의 능력이란 다른 사람의 속마음을 얼마나 빨리, 얼마나 정확하게 알아내는 것인가에 따라 결정된다고 해도 과언이 아닐 것이다.

| 그런 면에서 내가 아는 오풍연 기자는 정말 능력 있는 기자다. 오풍연 기자와의 첫 만남은 그가 청와대 출입기자로 왔을 때 이루어졌다. 나는 야당 대변인 때도 그랬지만 청와대에서도 기자들과 하루 종일 함께 살다시피 했다. 대통령과 청와대의 입장을 열심히 설명하고 잘못되거나 불리한 기사가 있으면 기자와 싸우는 것도 서슴치 않았다. 그러다 보면 자연히 인간적으로 가까워지는 기자도 있게 마련이다.

| 나름대로 관록이 붙은 나였지만 다소 하얀 얼굴을 가진 오풍연 기자가 선량한 미소까지 머금고 물어볼 때는, 웬만큼

굳게 마음먹지 않으면 속마음을 숨기기가 쉽지 않았던 기억
이 있다.
그런 '기자 오풍연'이 책을 내겠다고 한다. 그것도 제목이
'남자의 속마음'이라니, 남의 속마음을 꿰뚫는 데 고수가 된
중견기자에게 참 어울리는 책이라고 생각했다.

| 공군에 입대한 아들과 그 아들을 그리워하는 엄마, 자신의
아버지를 생각하며 아들에게 어떤 아빠인지 고민하는 모습,
사랑하는 가족의 죽음 등 본인과 가족들의 일상을 참 오밀조
밀하고도 맛깔나게 잘도 표현해냈다. 물론 그가 만난 다양한
사람들의 각양각색 이야기도 빠지지 않았다. 그러면서도 과도
한 교육열로 인한 어린 자녀들의 유학과 기러기 아빠 문제 등
위태로워 보이는 가족의 문제도 차분하게 되짚어보고 있다.
역시 왕년에 한 가닥 하던 기자의 필력과 문제의 핵심을 찌르
는 날카로움이 여전하다.

| 정치의 소용돌이 속에서도 균형감을 잃지 않았던 기자 오풍
연, 그 오풍연이 흰머리가 자리를 잡아가는 중년 남자로 그리
고 가족을 사랑하는 아버지로 드러낸 속마음이 그저 푸근하기
만 하다. 깊은 맛이 배어있는 오풍연의 속마음이 빠른 것만 쫓
아가는 이 시대에 작은 쉼터가 되기를 바라고, 아울러 기자로
서 오풍연의 건승도 함께 빈다.

2009년 9월
김대중 전 대통령 비서실장 박지원

인생은 살 만한 가치와 맛이 있다

남자는 속내를 잘 드러내지 않는다. 한국 사람들의 속성이기도 하다. 필자 역시 그랬다. 그래서 말로 표현하지 못했던 것을 하나씩 글로 옮겼다. 다행히 공감하는 이들이 적지 않았다. 그분들과 대화를 하면서 우리 주변에는 아름다운 마음을 가진 사람들이 의외로 많다는 사실을 깨달았다. 이 책은 그런 이웃의 얘기를 담았다.

40~50대는 인생의 황금기라고 한다. 그러나 고달프기도 하다. 많은 성취를 이뤄내는 반면 대소사가 많아 시름이 깊어지기도 한다. 자녀의 대학 입학, 군입대, 결혼 등. 모두가 마찬가지다. 가장으로서, 직장인으로서 최선을 다해 왔을까. 아무래도 부족함이 더할 듯싶다. 그래서 터득한 것이 있다. 삶의 지혜다. 매사를 긍정적으로, 낙관적으로 보면 답이 나온다. 미리 실망하고 포기할 필요가 없다는 얘기다. 길은 얼마든지 열려 있다. 다만 언행일치를 위한 노력이 필요할 뿐이다.

지난해 12월 14일 돌아가신 어머니는 필자로 하여금 많은 것을 생각케 했다. 임종하는 순간까지 자식 걱정을 하는 게 어머니다. 16개월의 투병생활을 지켜보면서 인생무상을 거듭 실감했다. 필자는 12살 때 어머니 곁을 떠나 도회지 생활을 했다. 아버지는 15살 때 돌아가셨다. 모정을 거의 느끼치 못하다가 어머니가 암선고를 받은 이후 비로소 그것을 터득했다. 불효막심한 자식이 아닐 수 없다. 대신 글로써 아쉬움을 달래며 용서를 빌었다.

아들 녀석인 인재의 군입대도 글을 쓰게 된 동기가 됐다. 녀석이 지난 4월 입대한 뒤 매일 한 편씩 글을 썼다. 필자 스스로와의 약속이기도 했다. 훈련소에서 힘든 생활을 하는 동안 글로써 격려하기 위해서였다. '자랑스런 공군가족 모임' 카페에도 글을 올려 부모들과 소식을 주고받았다. 자식을 사랑하고, 걱정하는 부모의 마음은 한결 같았다.

오늘의 필자를 있게 해준 서울신문도 은인이다. 시경캡, 노조위원장, 청와대 출입기자(간사), 논설위원, 법조대기자 등 갖은 혜택을 받았다. 무엇보다 신문사의 공장장 격인 제작국장을 한 게 가장 기억에 남는다. 그곳에서 사람의 냄새를 느꼈다.

이 한마디는 꼭 드리고 싶다. "인생은 살만한 가치가 충분하다." 그러기 위해서는 인연을 소중하게 생각해야 한다. 정직과 성실도 기본이다. 베품까지 갖추면 더할 나위 없겠다. 이 책이 나오기까지에는 21세기북스 나은경 팀장과 김순란 대리의 도움이 컸다. 끝으로 아내와 장모님께도 고마움을 전한다. 남편에 대해, 사위에 대해 사랑이 남달랐다. 독자 분들의 건승을 빈다.

오풍연

● 목차

추천의 글 I 중년 기자의 속마음 04

프롤로그 I 인생은 살 만한 가치와 맛이 있다 06

家(가족)

어떤 것으로도
대신할 수 없는 힘 10

아들의 사진 / 엄마 / 아버지와 아빠 / 아들의 꿈 / 가족여행 / 이모 / 공군가족 / 어머니의 자장면 / 아들 미안해! / 1.2초의 의미 / 母情과 父情 사이 / 죽음과 유언 / 아내의 빈자리 / 슬픈 사연 / 뮤지컬과 아들 / 효도와 건강 / 내리사랑 / 아내 / 꽃상여 / 수의 / 어버이날 / 용돈 30만원 / 황톳길 / 벌초 / 만원의 행복 / 제삿날 / 가족 / 부부싸움 / 사위사랑 / 처남 매제 / 여보 당신 / 자식 자랑 / 사윗감 구하기 / 센 / 품어야 자식 / 빨간 넥타이 / 막내 / 나들이

情(정)

함께 사는 세상이
행복해지는 이유 54

선행 / 돈과 우정 / 남자의 눈물 / 몸짱 / 단골주점 / 101세 할머니 / 부부 노래자랑 / 번개 저녁 / 실명 독자 / 친구 / 기다림 / 장관과 주방장 / 인생 2막 / 형님과 아우 / 인연 1 / 인연 2 / 인연 3 / 꽃담 / 편지 / 노환 / 임종 / 폭우와 미망인 / 고문관 / 청첩장 / 의형제 / 졸업

앨범 / 배려 / 도원결의 / 술의 낭만에 관해 / 흑백TV / 고향 / 노점상 / 목욕탕 / 반창회 / 부러운 그들 / 향우회 / 쾌유 / 小 대 强 / 사람내음 / 유쾌한 마중 / 청춘회 / 아내와의 이별

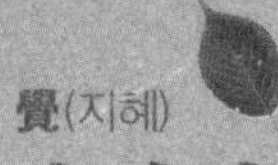

本(근본)
세상 돌아가는 이치 102

위선 / 비극 / 칭찬 / 배신 / 항심 / 스승의 날 / 사람노릇 / 내가 하면선 / 대한민국 법관 / 수명 / 바보 / 幸과 不幸 / 오해 / 사랑 / 교우와 동문 / 병과 가정 / 전화위복 / 벗 / 그녀와 그남 / 벼슬 / 편견 / 신언서판 / 돈이 원수 / 자수성가 / 효심 / 여이무극 / 리더십 / 경로우대 / 어떤 기도 / 위대한 날 / 내공 / 먼 훗날 / 일확천금 / 게으름 / 기수파괴 / 감싸기 / 인복의 비결 / 오늘의 의미

賢(지혜)
살면서 얻게 된 작은 깨달음 146

지하철 단상 / 마음의 여유 / 두통 / 골프와 등산 / 사돈 / 화환 / 야박한 세태 / 관심과 격려 / 연속극 / 라면 경제학 / 인내 / 부음소동 / 불면증 / 人事 / 낭패 / 거시기 / 삶과 독서 / 나이 쉰 / 인재(人財) / 119 / 군대생활 / 글쓰기 / 바보들의 행진 / 聖人 / 사상의학 / 공암증 / 초보운전 / 전화예의 / 슬픈 그들 / 책 나눔 / 백수 / 고회 / 인심 / 중년의 대화 / 희한 / 작명 / 장래희망 / 식도락 / 수술 여행 / 승진 / 빛바랜 상장 / 인생유전 / 대통령과 붕어빵 / 인생스승 / 탐닉 / 가을 운동회 / 체질 스트레스 / 개팔자 / 술은 독이다 / 조급증 / 황혼여행 / 선물 / 자유인 / 카투사 / 요강과 비데 / 백범읽기 / 아버지

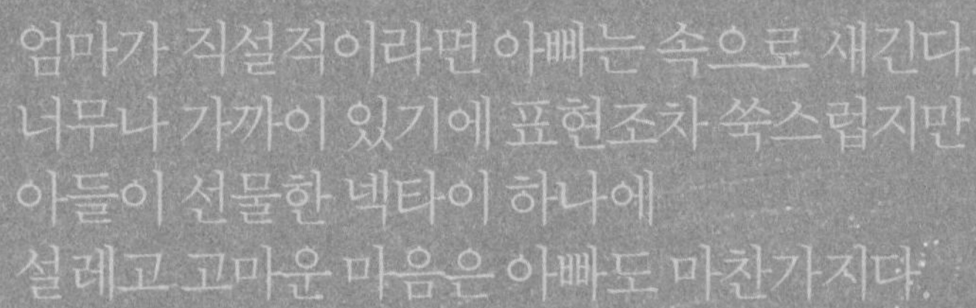

엄마가 직설적이라면 아빠는 속으로 새긴다.
너무나 가까이 있기에 표현조차 쑥스럽지만
아들이 선물한 넥타이 하나에
설레고 고마운 마음은 아빠도 마찬가지다

家(가족)

어떤 것으로도
대신할 수 없는 힘

아들의 사진

지금은 디지털 시대다. 하루가 다르게 변한다. 그 속도를 따라
가는 게 생각처럼 쉽지 않다. 그래서 지레 포기하는 사람들도
적지 않다. '컴맹'이 대표적 예일 게다. 그들은 컴퓨터를 쳐다
보면 울렁증이 생긴다고 호소한다. "글은 원고지에 써야 제
맛이 나." 컴퓨터 자판을 멀리하는 사람들의 이유(?)있는 변명
이다.

사진은 많은 것을 생각하게 한다. 빛바랜 사진 속의 어머니가
심금을 울리듯이. 그런데 요즘은 사진도 많이 진화했다. 흑백
사진은 거의 찾아볼 수 없다. 성능 좋은 사진기들이 판을 친
다. 이른바 필름이 필요 없는 디지털 사진기다. 몇 해 전의 일
이다. 고향에서 어머니가 올라와 청계천 나들이를 했다. 아내
에게 필름을 챙길 것을 주문했더니, "당신 기자 맞아?"라는 말
이 돌아온다. 디지털 카메라를 몰랐던 것이다.

얼마 전 아들 녀석이 군에 입대했다. 디지털 시대의 군을 실감
케 했다. 훈련소에 입소한 지 꼭 보름 만에 아들의 사진을 군
홈페이지에서 봤다. 반가운 마음을 무엇에 비유하랴. 문명의
이기가 고마울 따름이다.

가정의 단란함이 이 세상에서 가장 빛나는 기쁨이다. 그리고 자녀를 보는 즐거움은 사람의
가장 성스러운 즐거움이다.　　－ 페스탈로치

엄마

이 세상에서 가장 먼저 배우는 말이 뭘까. 동·서양이 똑같다. '엄마' 혹은 '맘mom'이다. 누가 가르쳐주지도 않는다. 하지만 옹알이를 트면서 자연스레 배운다. 자기를 낳아준 데 대한 일종의 보답일 터. 그렇게 모자母子사이의 정이 싹터간다. 이는 인생의 순리이기도 하다.

엄마에겐 특별한 그 무엇이 있다. 넉넉함과 푸근함이 첫째다. 또 따뜻하다. 어떤 것도 엄마의 품과 비교될 수 없다. 그래서 어려운 일이 생기거나, 힘에 부칠 때 엄마를 생각한다. 그러면 묘하게 힘이 솟는다. 엄마는 아버지보다 위대하다. 남편을 일찍 여의고도 자식들을 훌륭하게 키워낸다. 이혼을 다반사로 하는 요즘에도 그런 엄마들이 적지 않다.

아들 녀석이 얼마 전 군에 입대했다. 하나뿐이어서 가족의 사랑을 독차지했다. 특히 아내의 아들 사랑은 말로 표현할 수 없을 정도다. 아들 방의 책상에 앉아있는 아내를 자주 본다. 아들에게 소식을 띄우기 위해서다. 매일 손 편지도 쓴다. 그게 낙이란다. 그 녀석은 엄마를 얼마나 생각할까.

아버지와 아빠

옛적 아버지의 권위는 거의 절대적이었다. 그의 한마디에 자식들 진로도 결정됐다. 이제나, 저제나 아버지의 눈치를 볼 수밖에 없었다. 상급학교를 가려면 먼저 그의 눈에 들어야 했다. "공부를 더해서 뭐해. 농사짓는 거나 배우지." 퉁명스럽게 내뱉는 말에 눈물을 흘리곤 했다. 중·고교 진학의 꿈도 접었다.

이제는 사정이 달라졌다. 제가 싫어서 진학하지 않는 한 고교 교육을 대부분 마친다. 아버지의 호칭도 변했다. 아빠가 대신 자리매김 했다. 쉰이 넘은 선배가 있다. 지금도 아빠라 부른다. 그 아빠는 아흔에 가깝다. 아버지가 안 계신 나로서는 부러운 일이 아닐 수 없다.

"군대 갔다 오면 아버지라고 해야겠지요." 아빠를 무척 따르던 아들 녀석이 한 말이다. 얼마 전 아들 녀석 면회를 다녀왔다. 군대 안이어서 어떻게 부를지 궁금했다. 조금 뜸을 들이는 듯하다가 금세 "아빠!"하고 달려왔다. 그렇게 사랑스러울 수가 없었다. 아버지든 아빠든 다 좋으니, 무사히 군 생활을 마쳤으면 하는 바람이다.

아들의 꿈

사람에겐 꿈이 있다. 그것이 없다면 살맛이 날까. 꿈이 있기에 최선을 다한다. 종류도 다양하다. 소박한 꿈을 그리는가 하면, 실현 불가능한 꿈도 꾼다. 물론 이루지 못할 꿈은 없다. 그래서 그것의 목표는 무한대다. 빌 게이츠를 비롯, 성공한 사람들을 보더라도 그렇다. 그들은 "원대한 꿈을 가지라." 며 충고한다.

어릴 적 꿈은 대부분 아버지를 닮는다. 아버지의 직업을 선호하는 것. 아들 녀석도 그랬다. 초등학교 때까지는 내 직업을 좋아했다. 누가 물으면 "기자가 될 거예요."라고 씩씩하게 대답했다. 그런 모습이 대견스러웠다. 하지만 매사가 그렇듯이 꿈도 변한다. 점차 실현가능한 쪽으로 방향을 튼다. 그래서 아들 녀석도 중학교에 진학하면서 꿈이 달라졌다. 돈을 잘 버는 고모부가 이상향이 됐다. 주위 환경이 꿈을 바꿨다고 할 수 있다.

녀석은 대학 2년을 마치고 지난 4월 군에 갔다. 이공 계통인데 제대 후 문과 계통으로 전과轉科를 하겠단다. 호텔리어를 생각한다. 나름의 계획을 세운 놈이 대견스럽다. 아들이 꿈을 이룰 수 있도록 끝까지 밀어줄 참이다.

가족여행

여행은 즐겁다. 일상에서 자유로워질 수 있기 때문이다. 잡념도 사라진다. 스트레스도 없다. 마냥 즐기면 된다. 다 좋은데 흠이 있다. 기름값 등 최소한의 비용을 고려해야 한다. 다행히 여행족이 점차 늘어나면서 여행사도 주 5일 근무제에 맞춰 다양한 상품을 선보인단다. 잘 선택하면 저렴한 가격에 만족도를 높일 수 있다.

누구와 여행하는 것이 가장 좋을까. 말할 나위 없이 가족여행이다. 가족끼리 정을 쌓고, 스킨십을 강화할 수 있어서다. 그러나 아이들이 크면 기회를 잡는 게 쉽지 않다. 우선 학원이다, 과외다 해서 시간을 낼 수 없다. 게다가 고등학교만 들어가도 친구끼리 가기를 더 원한다. 부모들이 통사정해야 갈까 말까 한다.

지난 3월 말. **아들 녀석의 군 입대를 앞두고 가족여행**을 했다. 얼마만의 일인지 기억이 가물가물하다. 서울을 떠나 안동 하회마을을 구경한 뒤 제천에서 하룻밤을 잤다. 아들도, 아내도 이틀 내내 들뜬 기분이었다. "아빠, 나 군대 가더라도 엄마랑 자주 여행해." 녀석의 말대로 주말 부부여행을 계획한다.

가정은 나의 대지이다. 나는 거기서 나의 정신적인 영양을 섭취하고 있다. ― 펄 벅

이모

현대는 초미니 가구시대다. 한 가정에 4명을 거의 넘지 않는다. 자식은 1~2명에 불과하다. 아예 부부가 합의해서 아기를 갖지 않는 가정도 있다. 그러다 보니 외동딸, 외동아들이 많다. 딸만, 아들만 둘인 가정도 적지 않다. 아들을 낳으려고 애쓰지 않는다. 할아버지, 할머니도 이런 변화를 인정하는 추세다.

때문인지 요즘은 처가 식구들과 더 가깝게 지낸다. 만남도 잦다. 엄마 쪽 식구들이 대하기가 쉬워서다. 본가 쪽은 예의범절을 중시한다. 그래서 더욱 조심하기 마련이다. 아이들이 외가 쪽을 좋아하는 것은 당연지사다. 그 중에서도 이모를 가장 따른다. 이모는 엄마와 모습이 비슷하고, 조카들을 애틋하게 챙긴다.

나에게도 처제가 1명 있다. 아내와는 나이차가 제법 난다. 결혼할 때 고등학생이었다. 직장에 들어간 뒤에도 함께 산 적이 있다. 아들 녀석도 갓난아기 때부터 이모의 보살핌을 받았다. 그래서일까? 이모에 대한 정이 남다르다. 입대 전에도 아산 이모 집에 다녀왔다. "아빠, 이모에게 편지 쓰려고 해." 군대에서 녀석이 보내온 소식이다.

공군가족

대한민국에는 3대 계보가 있다고 한다. 호남, 해병대, 고려대 출신을 일컫는다. 이들은 말이 필요 없을 정도다. 어느 조직보다 유대감이 강하다. 구성원들 또한 자랑스럽게 생각한다. 국내는 물론 해외에서도 정평이 나 있다. 세 가지 조건을 모두 갖춘 이들은 더 으쓱댄다. 사회에서도 일정 부분 인정을 받기 때문이다.

아들의 입대를 놓고 여러 애기를 나눴다. 예전과 달리 선택의 폭이 넓었다. 육 · 해 · 공군 마음대로 지원할 수 있었다. 복무 기간도 각기 달랐다. 나는 혼자 자란 녀석이 강한 군인이 되기를 원했다. 솔직히 해병대나 특전사를 지원했으면 하는 바람도 가졌다. 그러나 녀석은 공군을 선택했다. 나름대로 이유를 댔다. 육군보다 3개월을 더 생활해야 하는 만큼 보람 있게 보내겠단다.

녀석의 입대를 쉬쉬해왔다. 고생하는 대한민국의 아들들을 생각해서다. 이제는 공군 가족이 됐다. 회사 동료를 포함 지인도 여럿 있다. 동문회를 열어야 할 판이다. 대한민국 아들들아! 25개월을 무사히 마치길 빈다.

어머니의 자장면

어머님이 매우 편찮으시다. 2007년 8월부터 병마와 싸우고 있다. 그러나 자식들에게는 내색을 안 하셨다. 지방에 계서 자주 찾아뵙지도 못한다. 고작 하루 한두 차례 전화를 하는 것으로 불효를 대신한다. 그때마다 어머님은 "괜찮으니까 너희들이 나 아프지 말아라."라고 먼저 자식 걱정을 한다.

주말을 이용해 아내와 함께 어머님을 뵙고 왔다. 집으로 가지 않고 식당에서 만났다. 나오시기 싫다는 것을 억지로 모셨다. 어머님께 자장면이라도 한 그릇 사드리고 싶다고 졸라댔다. 쉰이 다된 자식의 소원을 들어준 셈이다. 모시고 살지 않는 탓에 지금까지 한 번도 어머님과 외식을 하지 못했다. 그것이 내내 마음에 걸렸다.

어머님께서는 맛있게 드시는 양 했다. 그러나 음식은 비워지지 않았다. 더욱 수척해진 모습에 마음이 저려왔다. 누군가 '7788'이라고 했다. 일흔일곱까지 팔팔하게 살다 가면 그것이 행복이라고. 그때까지만이라도 제발 살아계셨으면 하는 마음 간절하다.

아들 미안해!

문명의 이기 중 전화만큼 유용한 게 있을까. 멀리 있는 사람의 목소리를 듣는 게 현실화된 지 오래다. 이제는 휴대전화를 통해 전 세계 어디서든 통화가 가능하다. 지구촌이 하나가 된 것이다. 한국은 IT산업의 선진국이다. 무선통신 산업 역시 앞서 간다. 따라서 전화의 품질도 우수하다. 세계를 여행하다 보면 금세 알 수 있다.

전화는 희노애락의 소식을 가장 먼저 알려 준다. 한밤 중 전화나 새벽녘 전화는 가슴을 뛰게 한다. 낭보보다는 비보가 많기 때문이다. 온 가족이 깨어나 잠을 설치기 일쑤다. 지난해 연말 돌아가신 어머님이 16개월 동안 투병하실 때 우리 가족도 그랬다. 결국 전화를 통해 어머님의 운명 소식을 들어야 했다. 아들 녀석이 군에 입대한 뒤에는 전화를 기다리게 됐다. 어버이날 효도전화를 기대했으나 받지 못해 실망했다. 그런데 첫 번째 전화가 왔다. 아내와 함께 외출 중이어서 장모님이 대신 받았다. 아내는 어쩔 줄 몰라 했다. 밤잠도 설쳤단다. "목소리를 꼭 듣고 싶었는데. 아들 미안해!" 아내는 훌쩍거리며 인터넷 편지를 쓰고 있었다.

어머니의 눈물을 닦을 수 있는 것은 어머니를 울게 한 아들뿐이다. ─ 중국 속담

1.2초의 의미

세월은 덧없다. 의미가 있든, 없든 그냥 흘러간다. 그러면서도 그것을 탓하며 산다. 세월을 아까워하는 사람이 있는 반면, 빨리 갔으면 하는 사람도 적지 않다. 후자의 대표적 예는 군인일 것이다. "국방부 시계는 멈추지 않는다." 군 생활을 하면서 자주 듣는 말이다. 어떻게든 만기를 채우면 제대한다는 뜻. 그래서 모든 어려움도 이겨낸다.

지난 5월 23일 아들이 1.2초라고 불리는 1박2일의 특박을 나왔다가 들어갔다. 아내는 아침부터 부산을 떨었다. 아들을 만난다는 설레임에 전날 한숨도 못 잤단다. 그래도 콧노래를 부르며 아들이 좋아하는 음식을 챙겼다. 차 안에서 먹으라는 엄마의 마음에서다. 마침내 시커멓게 탄 녀석이 나타났다. "필승!" 제법 군인티가 난다. 아내를 훔쳐보았다. 눈물이 잠깐 맺혔다 멋쩍은 듯 웃음을 지었다. 같은 모습이 곳곳에서 연출됐다.

아들이 집에 머문 시간은 22시간. 만 하루도 안 됐다. 녀석은 시간이 아까워 밤을 새겠다고 했다. 그러나 피곤한 탓인지 얼마 안가 잠에 빠졌다. "아빠, 1.2초가 맞는 것 같아요." 귀대하면서 던진 말이 생생하다.

母情과 父情 사이

싱그러운 5월이 지나고 6월 초순이다. 아들 녀석이 입대한 지도 두 달이 훌쩍 흘렀다. 녀석과 동기생들에게는 힘든 시간이었을 게다. 대부분 온실에서 자란 터에 집단생활이 익숙하지 않았을 듯싶다. 그러나 의젓한 모습에 한시름 놓았다. 제법 군인 티가 나고, 말씨도 어른스럽다.

녀석이 쓰던 방은 예전 그대로다. 비품도 손 하나 대지 않았다. 아내는 매일 방을 청소한다. 바뀐 게 한 가지 있긴 하다. 녀석의 사진이다. 책상과 유리덮개 사이에 여러 장 끼워져 있었다. 밝고, 씩씩한 모습이 금방이라도 달려올 듯하다. 아내는 그것을 보면서 외로움을 달랜다. 나도 아내 몰래 가끔씩 방에 들러 사진을 보곤 한다.

엄마와 아빠의 자식사랑은 다를 바 없다. 엄마가 직설적이라면, 아빠는 속으로 새긴다. 아내는 토, 일요일 이틀간 전화 곁을 지켰다. 하지만 기다리던 전화는 끝내 오지 않았다. 대신 전날 밤에 아들 꿈을 꾸었다며 좋아했다. 그게 모정일 것이다. 자대배치에 앞서 첫 면회를 간다. 설레임은 아빠도 마찬가지다. 아들이 보고 싶다.

죽음과 유언

누구든지 죽음에 관해 생각해보지 않은 사람이 없을 것이다. 끔찍한 일이지만 결국 맞닥뜨릴 수밖에 없다. 살아있는 생명체이기에 그렇다. 다른 동물도, 식물도 똑같다. 인간은 사유의 개체여서 두려움이 더 클 뿐이다.

"죽음은 탄생과 마찬가지로 자연의 신비다. 거기에는 같은 원소의 결합과 분해가 있다. 마치 만년이라도 살 것처럼 행동하지 말라. 어쩔 수 없는 죽음이 당신에게 닥쳐온다. 살아있는 동안, 힘이 있을 때 선한 일을 해야 한다. 얼마 안 가서 당신도, 그 사람도 죽는다." 마르쿠스 아우렐리우스121~180년는 죽음을 이렇게 정의했다. 요컨대 인생이 짧다는 뜻을 일찍이 설파한 듯싶다.

유효 유언living will이라는 문서가 생겼단다. 임종 무렵에 원하는 치료법을 구체적으로 밝히는 것을 말한다. 환자가 의식 불명에 빠지면 스스로 결정을 내릴 수 없기 때문이다. "본인은 생명을 연장시키는 것을 원하지 않습니다. 담당 의사에게 당부합니다." 병환 중인 어머님께서도 구두로 같은 당부를 하셨다. 그것이 어머님을 행복하게 해드리는 걸까.

아내의 빈자리

하루도 빠짐없이 읽는 신문란이 있다. 인사와 부고란이다. 바쁜 일상에 다 챙길 수 없어 간접정보를 얻기 위해서다. 승진 및 전보 인사는 나중에 축하해도 된다. 하지만 부음은 그때 못 챙기면 낭패를 당할 수 있다. 살다가 한두 번쯤은 경험했을 터다.

2007년 한 친구가 부인을 잃었다. 부고란을 보다가 우연히 발견했다. 투병 중이라는 사실은 미리 알고 있었다. 그때부터 친구와 종종 자리를 함께 한다. 활달한 그도 술 한 잔 들어가면 감상에 자주 젖는다. 먼저 간 부인에게 너무 미안하단다. 대학 강사로 대전·대구를 오가다 피로가 겹쳐 불치병을 얻었다는 것. 엄마와 강사라는 두 가지 일 때문에 그렇게 됐다고 눈시울을 붉힌다.

친구는 아이 둘을 유학 보내고 혼자 지낸다. 집에 들어가면 허전하기 짝이 없다고 한다. 함께 있을 때는 몰랐는데 아내의 빈 공간이 너무 크다고 했다. "자네, 아내한테 잘해야 하네. 죽은 다음에는 아무 소용이 없어." 남의 일 같지 않아 아내에게 신경을 많이 쓰려고 한다. "나의 진주眞珠여, 좋은 남편 될게."

슬픈 사연

한 독자에게서 장문의 메일을 받았다. 무려 5장이나 됐다. 광주에 살고 있고 부인과 두 자녀를 둔 가장이라는 사실만 안다. 예전에 썼던 칼럼, '어머니의 자장면'을 읽고 보낸 것이다. 독자는 먼저 나를 위로했다. "병마와 싸우시고 계시는 어머니를 바라보는 아들의 심정과 아들을 염려하는 어머니의 마음이 여실히 눈에 보이는 것 같습니다."

뒤의 사연은 나의 가슴을 더 뭉클하게 했다. 독자의 아버지는 16년 전 간경화로 돌아가셨단다. 어머니 역시 11년 전 위암으로 세상을 떠났다고 했다. "아직 어머님이 생존해 계시고 자장면을 사드릴 수 있는 선생님이 부럽다."면서 "이 글을 쓰고 있자니 새삼스레 슬픔이 밀려온다."고 적었다. 생면부지인 독자의 모습이 머릿속에 그려졌다.

5월은 가정의 달이다. 특히 부모님은 평생 기다려주지 않는다. 살아계실 때 효도해야 한다. 한 번이라도 더 찾아뵙는 게 자식된 도리다. 시간이 없다는 것은 핑계다. 제 할 일 다 하면서 돌아가신 다음 후회한들 누가 알아주랴. 독자의 편지가 다시 한 번 어머님을 생각하게 만든다.

뮤지컬과 아들

나는 예능 쪽에 문외한이다. 아예 관심이 없다는 표현이 맞을 게다. 그동안 바쁘게 산다는 핑계로 담을 쌓고 살아왔다. 아내와 아들은 이런 남편, 아빠를 늘 원망해왔다. 오죽했으면 아들이 "제발 엄마하고 영화나 연극을 좀 보세요."라고 애원할까. 그럼에도 꿋꿋이 버텨왔다. 때론 그것을 자랑까지 했다. 일종의 치기였다.

어느 해 여름, 뮤지컬 초대권을 2장 받았다. 보통 때 같으면 누굴 줬을 것이다. 그런데 아들의 얼굴이 떠올라 집에 가지고 갔다. 아내는 꼭 보고 싶었던 뮤지컬이라며 들뜬 기분을 가라앉히지 못했다. 여기다 찬물을 끼얹을 수는 없었다. 그래서 한 가지 꾀를 냈다. 엄마와 아들이 함께 보면 모양이 좋을 것 같다고 했다. 그러자 보기 좋게 핀잔을 들었다. 남편 없는 엄마를 만들 거냐며 아들이 따졌다. 더 이상 군색한 변명을 할 수 없게 됐다.

공연 날이 왔다. 야외공연인데 날씨가 쾌청했다. 퇴짜 놓을 방도가 없었다. 공연장은 경희궁이었다. 밤하늘은 더없이 아름다웠다. 출연진, 관객 모두 하나가 됐다. 우리 부부도 뿌듯했다. 아들 덕에 사랑스러운 남편이 된 밤이었다.

효도와 건강

나이가 들면서 효孝를 거듭 생각한다. 효에 대해서는 여러 가르침을 받았어도 딱히 정의를 내리기 어렵다. 말로는 얼마든지 할 수 있지만, 실천이 쉽지 않은 까닭일 게다. 효도 시대에 따라 달라지는 것일까. 요즘은 돈 잘 버는 자식이 으뜸으로 인식된다. 용돈을 두둑이 드려서 그럴 터다.

여기서 한 가지 간과한 게 있다면 뭘까. 건강이다. 몸이 자유롭지 못하면 아무리 좋은 음식을 대접하고, 쓸 돈을 드려도 소용이 없다. "힘이 부치면 놀러갈 수도 없어. 건강을 챙겨드리는 게 가장 큰 효도일세." 예순을 막 넘겨 할아버지가 된 선배가 건넨 말이다. 그렇다. 이제는 부모님의 건강을 첫 번째로 챙겨 드리자. 1년에 한 번씩 정기검진을 해드리면 좋을 듯싶다. 암이라 할지언정 미리 발견하면 얼마든지 수명을 연장할 수 있다.

어머님이 남몰래 병원에 다닌 사실도 몰랐다. 수년째 그랬단다. 혼자 속앓이를 하셨겠지만 5남매 누구도 눈치 채지 못했다. 자주 찾아뵙는 편이나 죄인이 된 기분이다. 몇 년 전에 건강검진만 받았더라도 찾아냈을 병이다. 건강보다 더 값진 것은 없다.

내리사랑

옛말에는 삶의 지혜가 있다. 인생 교훈도 가득하다. 어른들이 스쳐지나가듯 던진 것 같은 말이 지금은 피부에 와 닿는다. 나이를 먹는 탓일까. 언제부턴가 그들을 똑같이 따라 하곤 한다. 그러면서 혼자 피식 웃는다.

선배 두 분과 넷이서 종로의 허름한 한정식 집에서 점심을 한 적이 있다. 늘 그렇듯이 자식 얘기가 나왔다. 예순을 넘긴 분들이어서 귀를 쫑긋하고 들었다. 자식에 대한 미련은 아예 버리라고 충고했다. 세상이 변했다는 게 이유였다. 두 분도 노후 대책을 미리 세워놓았단다. 그러면서 상대적으로 젊은 우리 둘에게 명심할 것을 거듭 강조했다. 그러자 한 후배가 불끈한다. "저는 애들에게 해준 것이 아까워서라도 받아야 되겠습니다." 선배가 즉각 면박을 줬다. "이 친구, 아직 정신 못 차렸군."

선배들이 까닭을 얘기했다. 내리사랑은 있어도, 치사랑손윗사람에 대한 사랑은 없다는 말을 잊었느냐고 나무란다. 사랑은 윗사람이 아랫사람에게 하는 법. 거기에 대가를 바란다면 사랑이 아니다. 아내를 봐도 그렇다. 자식 놈이 시샘 날 정도로.

아내

천 년 전 영국에서는 아내를 '피스 위버 Peace-weaver' 라고 불렀다. 평화를 짜 나가는 사람이라는 뜻에서다. 아내의 역할은 그때나 지금이나 다를 게 없다. 가정에서 가장 중요한 일을 하기 때문이다. 최소한 아내, 엄마, 며느리로서 1인3역을 한다.

그럼에도 우리네 대부분은 그것을 모르고 산다. 당연하게 여기는 경향이 더 많다. 여러 사람 앞에서 면박을 주는 이들도 더러 본다. 아주 못난 사람들이다. 친구 부부와 식사를 한 적이 있다. 이런저런 얘기 끝에 "다시 태어나도 지금 남편과 결혼할 것인가."라는 우문을 던졌다. 친구 부인은 단박에 "그렇다."라고 답했다. 그러나 내 아내는 조금 뜸을 들인 뒤 "아니오."라며 눈을 흘겼다. 믿는 도끼에 발등 찍힌 기분이랄까.

집에 오면서 곰곰이 생각해보았다. 실제로 잘해준 것이 없었다. 지금껏 변변한 선물 하나 챙겨주지 못했다. 물론 그런 것 때문만은 아닐 것이다. 사랑하는 마음이 아내의 성에 차지 않았던 것 같다. 그 이후부턴 아내의 요구에 토를 달지 않으려 노력하고 있다. "자기, 약속 지키지 않으면 인터넷에 실명으로 올릴 거야." 아내가 겁을 준다.

꽃상여

요즘은 상여喪輿를 보기 힘들다. 매장 문화가 줄어든 때문이다. 하지만 상여를 멜 사람이 없는 게 더 큰 이유일 것이다. 시골에서도 젊은이는 도회지로 떠나 상여꾼을 구할 수 없다고 한다. 60대 이상 노인들이 메야 하는데 다소 무리다.

어릴 적 초상이 나면 무서우면서도 구경을 나가곤 했다. 특히 상여꾼을 지휘하는 요령잡이의 선소리는 심금을 울렸다. "간다~ 간다~ 나는 간다. 이제 가면 언제 오나."라고 선창한다. 이에 상여꾼의 "어~허" 소리와 상제들의 "애고" 곡소리가 뒤섞여 상여는 덩실덩실 춤을 춘다. 애간장을 우려낼 듯 청승맞고 애달프기까지 했다. "꽃상여에 실려가다/흰 두건을 쓴 사람들이 꽃상여를 메고 간다/그들도 웅보가 양반들처럼 만장 휘날리며 꽃상여 타고 저승길 떠나는 것을 보고 싶었던 것이다" 문순태, 타오르는 강

어머니는 투병 중에도 꽃상여를 타고 갈 수 있다고 좋아했다. 고향 어른들이 자청했다는 소식을 듣고서다. 마을 사람들이 정말로 고맙다. 그래서 고향은 마음의 안식처라고 했던가.

수의

사람은 언젠가 죽는다. 영원히 살 수는 없다. 어떤 사람은 다른 사람을 묻어주고 나서 남의 손에 묻힌다. 그는 또 다른 사람에 의해 같은 방식으로 영면한다. 인간사가 얼마나 덧없고 보람 없는가. 하지만 슬퍼할 필요는 없다. 모두가 똑같은 삶을 살기에.

좋은 옷을 입고 영원한 잠자리에 든다. 이름하여 수의壽衣다. 세제지구歲製之具라고도 한다. 남자는 21가지, 여자는 20가지를 갖춰 입는다. 이 옷은 주로 윤달에 마련들 한다. 양반집에서는 비단, 일반 가정에서는 명주로 만들었단다. 요즘은 삼베를 소재로 한다. 그중에서도 경북 안동포가 제일 유명하다. 때문인지 가격도 부담스럽다. 죽어서까지 빈부차를 느껴야 하는 삶이 서글프다. 수의는 생전에 준비한다. 본인이 직접 주문하는 경우도 많다. 미리 만들어놓으면 장수한다는 속설도 있다.

지난해 10월 형제들과 안동엘 다녀왔다. 아는 분의 소개로 어머님 수의를 정성스레 맞췄다. 물론 투병 중인 어머니는 모르셨다. 당신이 원치 않아서 그랬다. 속설이 맞았으면 더 이상 바랄 게 없었을 텐데, 어머니는 두 달 뒤 가셨다.

어버이날

올해 어버이날은 왠지 허전하다. 지난해까지만 해도 투병 중이었던 어머니가 안 계시기 때문이다. 당신은 집안의 기둥이었다. 아버지가 일찍 돌아가신 뒤 5남매를 정성껏 키웠다. 이제는 모두 살 만하다. 용돈도 드리고, 맛있는 것도 사드릴 수 있지만 어머님이 그 자리에 없다. 고향의 양지 바른 산기슭에 편안히 누워 계신다.

어머니는 평생을 자식들에게 헌신해왔다. 건장한 일꾼보다도 더 일을 많이 했다. 지게질도 마다하지 않았다. 손가락의 굵기도 웬만한 남자보다 굵었다. 일을 하면서 무뎌진 까닭이다. 어머니는 그러면서도 어떤 투정을 하지 않았다. 오직 자식들이 잘 되기만을 바랐다. 그래서 네 명은 최고 교육을 받았다. 감사할 따름이다.

어버이날이 되니 어머니가 더욱 그립다. "둘째는 반드시 크게 돼야 한다." 나에게 항시 하시던 말씀이다. 돌아가시기 직전에도 손을 꼭 잡은 채 같은 말씀을 하셨다. 이제는 그 목소리를 들을 수 없다. 대신 하루하루 최선을 다하고 있다. 어머니의 꿈이 이뤄지길 기대하면서.

용돈 30만 원

월급쟁이치고 돈에 쪼들리지 않는 사람은 드물다. 그중에서도 경조사비 부담은 만만치 않다. 나이가 들수록 점점 느는 게 그것이다. 그만큼 지인들이 많아지고, 자리도 올라가기 때문이다. 월급봉투의 두께와 비례하면 좋을 텐데 그렇지 못하다. 그래서 낯 간지러울 때가 한두 번이 아니다.

나라 안팎이 어려웠을 때 몇몇 지인들과 어울렸다. 자연스레 경제 얘기가 나왔다. 불황의 끝이 어딘가에 관심이 제일 높았다. 누군들 시원하게 답을 못했다. 기업인과 경제 관료도 있었지만 그들 역시 마찬가지였다. 되레 기자에게 물었다. 갑론을박이 계속됐다. 그러자 한 선배가 결론을 내렸다. "돈이 벼슬이야." 거기에는 모두가 동의하는 듯했다.

불황과 함께 용돈의 규모도 작아졌다. 허리띠를 졸라매야 할 판이기에 그렇다. 아이들은 "용돈이 모자란다."며 아우성이다. 노부모님들은 사정을 아는 터라 말을 하지 않는다. 어머니가 세상을 떠나기 전 처음이자 마지막으로 용돈 30만 원을 주셨다. 그러면서 하시는 말 "이제 술을 끊거라." 가끔씩 술잔을 기울일 때마다 어머니의 유언이 가슴을 저민다.

황톳길

"황톳길에 선연한/핏자욱 핏자욱 따라/나는 간다 애비야(중략)낡은 짝배들 햇볕에 바스라진/뻘길을 지나면 다시 모밀밭(중략)부줏머리 갯가에 숭어가 뛸 때/가마니 속에서 네가 죽은 곳 김지하의 '황톳길'" "천안天安 삼거리를 지나도/수세미 같은 해는 서산에 남는데/가도 가도 붉은 황톳길/숨막히는 더위 속으로/절름거리며 가는 길(중략)가도 가도 천리千里/먼 전라도 길 한하운의 '소록도 가는길'"

암울했던 시절, 시인들은 황톳길을 주제로 민중의 애환을 읊었다. 이 시들을 읽노라면 눈물이 앞선다. 왠지 숙연해지고 가슴속 깊이 북받쳐 오름을 느낄 수 있다. 척박한 식민지의 땅과 그 속에서 목숨을 부지하고 살아온 민중의 체취가 와닿는 듯하다. 현대사에 조명된 민중의 삶은 시련과 고난의 연속이었다. 수난의 역사라고 할까.

나의 동네에도 황톳길이 있었다. 보리밭과 밀밭을 사이에 둔 길은 끝을 알 수 없었다. 특히 도회지로 떠난 누나와 함께 걷던 기억은 잊혀지지 않는다. 이젠 어디를 가도 붉은 흙길을 찾아보기 쉽지 않다. 고향의 황톳길도 빛바랜 시멘트로 포장돼 있었다.

벌초

할아버지는 추석이 다가오면 낫을 열심히 갈아 헛간에 보관했다. 2~3일에 한 번 꼴로 꺼내 날을 세우고 광을 내곤 했다. 도시로 떠난 자손들과 함께 모여 조상 묘를 벌초하기 위해서이다. 날짜도 아예 못을 박았다. 추석 2주 전 일요일이 그 날이다. 또 하나의 불문율도 만들었다. 4촌 이내의 남자들은 전원 참석해야 한다. 불참은 용납되지 않았다. 할아버지가 돌아가신 지 30여 년이 흘렀지만 지금도 그대로 하고 있다.

예전에는 산소가 여기저기 흩어져 있어 하루에 마치려면 빡빡했다. 그래서 아침 일찍부터 서둘러야 끝낼 수 있었다. 해질 무렵 하산하면서 땀으로 범벅이 된 몸을 저수지에 풍덩 던지곤 했다. 그때의 상쾌함이란…. 그러나 이제는 많이 달라졌다. 낫 대신 전동기계를 사용하다 보니 벌초하는 데 2시간이면 넉넉하다. 제수祭需 이외의 음식은 따로 준비하지도 않는다. 점심·저녁은 대부분 면 소재지나 읍내의 식당에서 해결하기 때문이다.

벌초 대행서비스가 갈수록 인기라고 한다. 바쁜 세상에 더욱 성업을 이루지 않겠는가. 그래서일까, 소중한 전통을 물려준 할아버지가 그리워진다.

만원의 행복

주 5일제가 정착되면서 가장 괴로운 사람은 가장이다. 특히 30~40대가 그렇다. 집에 있자니 아내와 아이들에게 들볶이고, 나가려니 주머니 사정 때문에 용기가 안 난다. '경제는 심리' 라고들 한다. 그런데 시장이 난리치니 더욱 옥죄어 온다.

이런 때일수록 지혜를 발휘해야 한다. 남의 것을 벤치마킹해도 좋다. '만원의 행복' 이라는 TV프로그램이 여전히 인기를 끌고 있는 것 같다. 화려한 연예인들의 서민적 풍모를 그린 게 주효하지 않았을까. 많은 시청자들은 그들을 통해 대리만족을 느낀다. 김밥, 떡볶이, 아이스크림 등 500~2000원짜리를 종종 볼 수 있다. 무엇보다 1만원이 결코 적지 않다는 것을 보여 줘 교훈을 준다.

이 세상에 신분의 차이는 없다. 가진 자와 덜 가진 자만 있을 뿐이다. 자본주의 사회에서는 감내해야 한다. 하지만 만원으로도 행복할 수 있다면 어찌 부자가 부러우랴. 가족들과 시내 나들이를 했다. 주차비 3000원, 아이스크림 3개를 사 먹었다. 1만원이 채 들지 않았다. 그럼에도 아내와 아들은 '오랜만의 외출' 이라며 활짝 웃었다. 나 역시 흐뭇했다.

제삿날

제삿날이 다가오면 온 가족이 바빠진다. 할아버지는 큰며느리를 데리고 5일장을 두어 차례 다녀온다. 읍내 시장으로 원정도 마다하지 않는다. 조기, 명태포, 한과 등 쉬 상하지 않는 제수 용품부터 하나 둘씩 마련한다. 손이 타지 않도록 다락방이나 선반에 올려놓는다. 할머니와 어머니는 제기를 꺼내 정성껏 닦아둔다. 누룩을 빚어 술을 담그고, 식혜도 뜬다.

마침내 제삿날이다. 집안의 어른부터 차례로 목욕재계沐浴齋戒를 한다. 집안은 두부·산적·전 부치는 냄새 등으로 진동한다. 친척들이 들이닥칠 때마다 술상과 밥상을 내간다. 오랜만에 만난 4촌, 6촌 형제들은 서로 뒤엉켜 뛰어논다. 제사는 자정쯤 지낸다. 아이들은 자지 않으려고 별짓을 다한다. 그러나 대부분 곯아떨어져 일어나지 못한다. 새벽 두세 시쯤 돼야 뒷정리가 끝나고, 할머니는 손자·손녀들에게 줄 오징어, 사탕, 과자 등을 챙겨놓는다. 지금 생각해도 군침이 돈다.

요즘은 어떤가. 보통 저녁에 제사를 지낸다. 우리 역시 그렇다. 식구도 단출하다. 인터넷을 통한 맞춤 제물이 등장할 정도다. 미풍양속은 점점 사라져간다. 그래도 식구들을 볼 수 있다는 이유 하나로 제삿날이 기다려진다.

天下大將軍
天下大將軍
北方黑帝將軍
復

가족

주변에 혼자 사는 가장이 많다. 주로 40대 직장인이다. 일찍이 자녀들을 유학 보냈거나 외국생활을 마친 뒤 단신 귀국한 예가 대부분이다. 점점 늘어나는 추세라니 이만저만한 문제가 아니다. 1~2년이 흔하지만 햇수로 10년 가까이 되는 경우도 보게 된다. 기러기 아빠의 고충담을 듣노라면 가정의 소중함이 절실해진다.

한 모임에서 같은 처지에 있는 동료로부터 체험담을 들었다. 문제는 생각했던 것보다 훨씬 심각했다. 식사, 빨래 등 쉬운 일이 없다고 했다. 외로움에 더해 우울증까지 생기더라는 것. 그 친구는 조만간 가족이 귀국한다고 했다. 그런데도 혼자 지내기가 무척 힘들다고 토로했다. 함께 있을 때는 몰랐는데 막상 헤어져 살다 보니 그들이 더욱 그리워지더라면서…. 더러 눈물이 날 때도 있다고 전했다. 또 다른 친구는 외국에 건너가 강제(?)로 가족을 데려오기도 했다.

가정의 덕목은 화목함에 있다. 오순도순 함께 사는 것이 좋다. 옛날에는 3대가 잘 지내기도 했다. 오늘날 핵가족 시대에는 2대도 찾아보기 어렵다. 가정의 의미는 아무리 강조해도 지나치지 않다. 퇴근 무렵 전화기를 들었다. "인재 엄마, 일찍 들어갈게."

왕이든 백성이든 자기의 가정에서 평화를 발견하는 사람이 가장 행복한 사람이다.
— 괴테

부부싸움

부부는 가정의 최소 단위다. 결혼과 함께 부부생활이 시작된다. 누구든지 백년해로할 것을 다짐한다. 주례사에도 어김없이 들어간다. "아들 딸 잘 낳고, 가정이 화목해야 된다." 지극히 당연한 말인데, 살아가면서 곧잘 잊는다.

엄마와 아빠의 잦은 싸움은 비극으로 연결된다. 가정이 파탄됨은 물론 식구들도 뿔뿔이 흩어지는 경우를 종종 본다. 싸움의 발단은 작은 데서 비롯된다. 하찮은 일이 돌이킬 수 없는 결과로도 이어지는 것. 문제는 둘 다 있다. 어느 한 편만 양보하더라도 위기를 넘길 수 있다. 자초지종을 들어보면 거의 똑같다. 서로 내가 잘 했다고 우기기에 해법을 찾지 못한다.

그렇다면 나는 부부싸움을 하지 않았을까. 대답은 "예" 이다. 그러나 아내는 다르다. "당신이 한 번도 성을 내지 않아서 그렇지, 수없이 싸웠다."고 주장한다. 그동안에는 아내의 말에 동조하지 않았다. 서로 치고 박고, 소리를 지르지 않으면 부부싸움이 아니라고 생각했기 때문이다. 그러나 아내의 주장도 허튼 말은 아닌 듯싶다. 앞으론 아내의 입에서 부부싸움 소리가 나오지 않도록 할 생각이다.

사위사랑

예로부터 사위사랑은 장모라고 한다. 장인은 왠지 어렵다. 같은 남자라서 그런지 거리감이 느껴진다. 처갓집에 들러도 장인보다는 장모와 더 많은 얘기를 한다. 장모가 사위에게 신경 쓰는 데는 다 이유가 있다. 애지중지 키운 딸을 잘 데리고 살라는 뜻일 게다.

핵가족화 되면서 딸과 사는 부모들이 적지 않다. 엄마와 딸이 함께 살다 보니 다툴 일이 거의 없다. 모녀간에 다퉈도 금방 풀어진다. 앙금이 오래가지 않는 까닭이다. 하지만 시어머니와 며느리 사이에 틈이 벌어지면 문제가 커진다. 이를 고부갈등이라 한다. 이 경우 아들의 입지는 더욱 좁아지고, 심지어는 스스로 가출하는 이들을 본다.

장모님을 모시고 산 지 20년 가까이 된다. 장인어른은 모시자마자 돌아가셨다. 아들 녀석은 거의 장모님 손에 자랐다. 고1까지 할머니와 함께 잤다. 사위에 대한 보살핌도 극진하다. 다림질도 장모님의 몫. 덕분에 멋쟁이, 신사(?) 소리를 듣는다. 그런 장모님이 요즘 무릎이 아파 고생하신다. 대신 아파 드릴 수 없는 게 죄송스럽다.

처남 매제

어릴 때 가장 좋은 사이는 형제자매다. 어머니 품에서 오순도순 자란다. 고구마 하나를 놓고 여럿이 싸우기도 했다. 우리 대부분은 그렇게 자랐다. 하지만 결혼과 함께 분가하는 순간 끈끈한 정은 옅어진다. 형제, 자매보다는 아내와 남편, 자녀들을 먼저 돌봐야 하는 탓이다. 모두가 그렇기에 나무랄 수도 없다.

오히려 결혼을 하면 형제보다 처남, 매제 사이가 더 좋은 경우를 흔히 본다. 서로 부담감이 없어서 그렇다. 구태여 눈치를 볼 필요도 없다. 몇 살 차이는 말을 놓고 지내도 뭐라고 야단치지 않는다. 지난해 어머니 수의를 구하러 안동에 갔을 때다. 7살이나 어린 매제가 장관급인 처남에게 반말로 전화하는 것을 들었다. 경상도에서도 알아주는 집안이기에 의아했다. "처남, 매제 지간에는 10살까지 말을 터도 되네." 옛적 외조부가 한 말이 떠올랐다.

나에게도 1살 더 먹은 매제가 있다. 그와는 친구처럼 지낸다. 서로 "자네"를 입에 달고 산다. 지금은 형님과 동생보다 자주 만난다. 그가 있어 살맛을 더해준다.

여보 당신

여보, 당신만큼 사랑스런 말이 있을까. 아내를 지칭하는 말이다. 그 속에는 친근감이 배어있다. "여보 뭣 좀 갖다 줘." "당신 생일날 뭘 사줄까." 부부 사이에 자주 쓰는 말이다. 이 같은 말을 사용하면서 사랑의 싹도 키워 나간다.

요즘은 자기, 또는 오빠라고 많이 호칭한다. 자기는 그래도 나은 편이다. 고령의 시부모 앞에서 "오빠, 오빠"하고 부른다. 어른들이 야단쳐도 그때뿐이다. 다들 그렇게 부른다는 것이 이유다. 그러나 뼈대 있는 집안은 뭔가 다르다. 어른 앞에서 남편을, 아내를 조심스레 부른다. 아이 이름을 앞에 붙인다. 그것이 정답일 듯싶다.

결혼한 지 20여 년이 훌쩍 지났지만 아직 여보, 당신을 써보지 못했다. 습관 때문에 입이 떨어지지 않는다. 지금도 '신 여사'다. 오죽했으면 친구 딸이 "아줌마 이름이 신 여사에요?" 했을까. 몇 년 후면 며느리를 보게 될 터. 새로 들어온 며느리 앞에서 '신 여사'라는 표현은 어색할 듯하다. 지금부터라도 여보, 당신을 연습할까 한다.

원만한 가정은 상호간의 희생 없이는 절대 영위되지 못한다. 이 희생은 그것을 실행하는 사람을 위대하게 하며 아름답게 한다.　－앙드레 지드

자식 자랑

아들, 딸을 자랑하는 사람을 팔불출이라고 한다. 하지만 그런 사람들은 의외로 많다. 특히 엄마들이 심하다. 모이면 단골메뉴가 아이들 얘기일 터. 진학부터 취직, 결혼 얘기까지 다양한 화제가 나올 법하다. "누구네 아들은 S대 들어갔대. A여사 딸은 E대에 들어가고…." 이처럼 자랑하는 엄마는 모두의 우상이 된다.

우리 사회가 언제부턴가 학력을 우선시하는 풍조로 바뀌었다. 때문인지 고3 또는 재수생이 있는 지인들에게는 진학 여부를 묻지 않는 게 불문율이 됐다. 행여 마음을 다치지 않게 하기 위해서다. 그래서 아빠들은 자녀들이 좋은 학교에 들어가도 말을 꺼내지 않는다. 남이 물어봐야 슬며시 얘기를 꺼낸다. 사람인데 어찌 자랑하고 싶은 마음이 없겠는가.

아들 녀석이 3년 전 대학에 갔을 때다. 서울 소재 4년제 대학에 들어갔다. "아빠, 나를 자랑해도 돼. 재수를 하지 않고 한번에 들어갔으니까." 물론 마음에 찬 것은 아니었다. 그래도 녀석이 씩씩한 모습을 보이니까 대견했다. 자랑거리야 찾으면 되지 않겠는가.

사윗감 구하기

얼마 전의 일이다. 한 선배에게서 전화가 왔다. "딸자식의 배필을 알아보는 중인데 자네가 수고 좀 해주게." 서른이 넘은 딸을 두고 있다는 사실을 알고 있었기에 귀를 쫑긋했다. 객관적 사실만으로도 훌륭한 사윗감이었다. 꽤 유명한 로펌에서 구성원 변호사로서 일하고 있었다. 그냥 딸을 줄만 한데도 선배는 마음이 놓이지 않았나 보다.

문제는 그 다음이었다. 이런 저런 연고를 캐 아무리 수소문해도 선이 닿지 않았다. 사법연수원 수료생이 1000명에 이르다 보니 함께 공부한 이를 찾을 수 없었다. 그 친구가 나온 대학 동문도 뒤져봤지만 그 역시 수백 명이나 돼 실패했다. 그래서 저간의 사정을 설명한 뒤 직접 만나볼 것을 권했다. 그러나 선배는 "수고했네."라는 짤막한 인사를 건넸다.

얼마 뒤 선배를 우연한 기회에 만났다. "그 친구와는 잘 돼 갑니까?" 가타부타 말이 없었다. 잘 안 된다는 뜻으로 해석됐다. "자네도 딸 가져봐." 대신 돌아온 말이다. 세상이 시끄럽다 보니 소위 '1등 신랑감' 도 검증받는 시대가 됐다. 딸 가진 애비 마음을 알 만하다.

센

사람이 노릇을 못하면 개만도 못하다고 핀잔을 듣는다. 왜 그럴까. 사람은 배신도 밥 먹듯 한다. 그러나 개는 주인을 절대로 배신하지 않는다. 준만큼 보답한다. 배은망덕이란 있을 수 없다. 제때 사료를 주지 않으면 짖을 뿐이다. 배가 부르면 갖은 아양을 다 부린다.

나는 원래 동물을 좋아하지 않는 편이다. 아무리 깨끗이 씻고, 관리해도 냄새가 나는 것은 어쩔 수 없는 탓이다. 그런 냄새를 싫어하기 때문에 가까이 다가오는 것조차 물리치곤 했다. 그런데 귀한 손님이 생겼다. 바로 '센'이다. 이웃에 사는 처제네 애견으로 다섯 살짜리 암컷인데, 이쁜 짓은 다한다. 퇴근 길 아파트 엘리베이터에서 내리면 언제 달려왔는지 문 앞에서 기다린다. 작은 놈이 제 키 이상으로 솟구치며 재롱을 피운다. 놈도 "이모네 가자."하면 눈치를 채고 제 집으로 들어간단다. 이제는 우리의 가족이 됐다. 보고 싶으면 전화를 한다. 동영상도 받는다. 지금은 아들 녀석의 빈자리를 놈이 채워준다.

품어야 자식

한국의 교육열은 대단하다. 유학생 한두 명쯤 있는 집들도 많다. 그러다 보니 전체 유학생 수가 10만 명을 훨씬 넘는다고 한다. 기왕이면 배움에 뜻을 두고 열심히 하면 좋으련만, 현지에서의 우울한 소식도 자주 접한다. 제대로 적응하지 못한 학생들은 마약에의 유혹 등 다른 길로 빠지기 쉽다. 특히 감수성이 민감한 시기에 떠난 아이일수록 더하다.

잘 알고 지내는 분과 식사를 한 적이 있다. 아들이 중학교 때 미국으로 건너가 대학까지 그곳에서 나왔다. 방학 때는 한국에 종종 나온다. 형수님이 의미심장한 어투로 말을 꺼냈다. "삼촌은 절대로 유학 보내지 마세요." 영문을 몰랐다. 이어 "놈이 반은 미국사람이에요. 가까이 오면 징그러울 때가 있어요. 내가 난 놈이 맞는지 생각이 들기도 하구요." 너무 일찍 유학을 보냈다며 후회했다.

그렇다. 품어야 자식이라고 했다. 조기유학은 숙고를 거듭하는 게 좋을 듯 싶다. 엄마, 아빠의 내음을 더 맡는 것도 나쁘지 않다.

빨간 넥타이

남자에게 가장 흔한 선물이 술과 넥타이다. 자기가 먹거나 매지 않더라도 남에게 선물할 수 있기 때문이다. 자리가 올라갈수록 늘어간다. 부하직원이나 지인들도 스스럼없이 건네고, 받는 이도 부담을 덜 갖는 게 사실이다.

그래서 나 역시 옷장에 넥타이가 많다. 100장은 족히 넘는다. 아직 뜯지 않은 것도 있다. 그런데 실제로 매는 것은 5~6장에 불과하다. 주 5일제가 되면서 다섯 개면 충분하다. 매일 바꿔 매도 지루하지 않다. 그중에서 빨간 넥타이를 제일 아낀다. 두 해 전 아들 녀석이 생일선물로 사준 것이다. 동네 가게에서 2만원 안팎을 주고 샀단다. 그것을 매고 나가면 많은 이가 잘 어울린다면서 칭찬한다. 그때마다 아들의 얼굴이 떠오른다.

어릴 적 형과 나는 용돈을 아껴 아버지께 라이터를 사드렸다. 당시 1000원쯤 했던 것 같다. 아버지는 자랑을 하시며 돌아가실 때까지 그것을 애용하셨다. 빨간 넥타이도 영원히 맬 생각이다. 아들의 정성이 깃든 선물이기에.

막내

동네에 말자가 있었다. 아이들은 말자를 놀리곤 했다. 말자는 이제 딸을 그만 나라며, 할아버지가 손녀딸에게 지어준 이름이었다. 말자는 동네에서도, 학교에서도 놀림을 당했다. 울면서 집에 돌아오는 일이 허다했다. 엄마는 말자를 부둥켜안고 함께 눈시울을 붉혔다. 그 말자가 지금은 시집가서 잘 산다.

막내는 맏이와 함께 가장 사랑받는다. 특히 막내는 항상 보호의 대상이다. 탓에 자립심이 약한 사람도 있다. 반면 온 가족을 책임지는 막내도 있다. 딸 다섯 중 막내인 여자 친구가 그렇다. 90에 가까운 어머니도 직접 모시고 산다. 단독주택의 5층에 함께 살고 있는데 조만간 아파트로 옮길 예정이란다. 엘리베이터가 있는 곳으로 가 계단을 오르내리는 고통을 덜어드리기 위해서다.

"오늘의 저를 있게 해준 분이 어머니 입니다. 성공의 70%는 어머니 몫입니다." 여자 친구이자 막내인 사업가가 두 주먹을 불끈 쥔다.

나들이

외출은 기분을 들뜨게 한다. 특히 아내에겐 잠시라도 집을 떠난다는 자체가 좋은 듯하다. 전업 주부에겐 더욱 그렇다. 옥신각신하다가도 그때만큼은 흥얼거린다. 남편 또한 아내의 기분을 맞춰주는 것이 좋다. 가장 신경 쓰는 부분은 옷매무새. 누구나 예뻐지고 싶기에 공을 많이 들인다. 옷 갈아입기를 여러 번. 그래도 짜증을 내면 안 된다.

아내와 나들이를 자주 하는 편이다. 아내는 수수한 타입이어서 옷에 별로 신경을 쓰지 않는다. 그냥 집에서 입고 지내는 차림으로도 종종 나간다. 그런데 아내에게 걱정거리가 생겼다. 제법 잘 나가는 친구 부부와 세 쌍이 저녁 식사를 하기로 한 것. 약속장소가 강남의 유명 레스토랑이라고 했더니 심기가 편치 않은 눈치였다. 아침 식사를 할 때도 즐거운 낯이 아니다.

아내의 고민을 덜어줘야 했다. 이튿날 출근해 집으로 전화를 돌렸다. "인재 엄마, 맘에 드는 옷 한 벌 사 입어. 돈 걱정하지 말고." 아내의 음성이 이내 밝아졌다. "정말이지, 두 말 하기 없기야." 행복은 멀리 있지 않다. 실천 가능한 범위에서 찾으면 된다.

행복의 가장 큰 장애물은 더 큰 행복을 기대하는 것이다. ― 퐁트넬

항상 버팀목이 되어주는 친구가 있어 좋고
언제든지 맘 편히 술 한 잔 나누는
형님, 아우가 있어 좋다.
사람 사는 맛, 멀리서 찾을 필요가 있을까

情(정)

함께 사는 세상이
행복해지는 이유

선행

남을 돕는 게 쉬운 일일까. 말로는 못할 것이 없다. 특히 떠버리일수록 신통찮다. 결정적일 때는 언제 그랬느냐는 식으로 외면하기 일쑤다. 그래서 미움을 자초하게 된다. 재물이 많다고 돕는 데 앞장서지 않는다. 우리 재벌들 역시 마지못해 내놓는 경우가 많다.

말없이 선행을 쌓는 시골 친구가 있다. 그렇다고 수백만 원, 수천만 원씩 돕는 것은 아니다. 주변의 사소한 것부터 신경을 쓰는 마음씨가 아름답다. 먼저 어려운 지인부터 돕는다. 병원비조차 마련하기 어려운 친구에겐 몰래 가서 대납해준다. 단칸 셋방을 얻어 사는 이에게는 도배를 해주거나 필요한 전자제품을 배달시킨다. 실직한 이웃에게는 가끔씩 용돈을 찔러준다. 이러한 소문을 듣고 직접 도움을 청하는 이들도 적지 않단다. 그래도 그 친구가 짜증내는 것을 보지 못했다. "도와줄 수 있으니까 성의를 표시하는 거야."

주위에서 돈 자랑을 하는 이들을 종종 본다. 외환위기 때보다도 어렵다고 아우성이지만, 호의호식하는 부류는 이에 아랑곳하지 않는다. 이들에게 시골친구의 자그마한 선행을 들려주고 싶다. 귀를 열고 경청할까.

남몰래 하는 선행은 땅 속을 흐르며 대지를 푸르게 가꾸어주는 지하수 줄기와 같은 것이다. — 칼라일

돈과 우정

1990년대 중반의 일이다. 대학 선배에게서 도움을 청하는 전화가 왔다. 일단 만나자고 해 소주잔을 기울였다. 사정을 들어보니 너무 딱했다. 그래서 다소 여유가 있는 또 다른 선배에게 구원을 요청했다. 그러나 그 선배는 일언지하에 거절했다. 오히려 부탁한 내가 낯이 뜨거울 정도였다. 그날 밤을 지새우다시피 했다. 이튿날 사무실에 나와 당시로는 적지 않은 돈을 만들어 보내주었다. 물론 고맙다는 전화를 받았다.

그 뒤로는 연락이 끊겼다. 그런데 2년 전 쯤 그 선배가 불쑥 찾아왔다. 10년도 지났기에 내가 더 놀랐다. 선배는 아직도 어려운 것 같았다. 이런저런 말을 했지만 피부에 와 닿지 않았다. 왜 그럴까. 20여 년 이상 기자생활을 하다 보니 왠지 그냥 스쳐 가지 않는다. 직업 탓이라는 생각이 들자 씁쓸한 마음이 더했다.

돈은 참 치사하다. 없으면 아쉽고, 잘 못 쓰면 욕먹기 십상이다. 당시 선배에게 없던 일로 하자고 말했다. 그럼에도 지금껏 연락을 못하고 있다. 우정이 더 진한 것인데….

남자의 눈물

남자는 여자의 눈물에 약하다고 한다. 그런데 요즘엔 사정이 달라진 느낌이다. 텔레비전을 틀면 남자들이 눈물 흘리는 것을 곧잘 본다. 오히려 여자보다 더 실감나게 연기하는 모습을 보면서 함께 눈시울을 붉히곤 한다. 나이가 들어가는 탓일까. 2008년 3월 제작국장을 마친 이후 동료들이 송별연을 해주었다. "엄동을 뚫고 새 봄이 왔습니다. 하시는 일마다 희망과 기쁨이 가득하기를 기원하며…"하는 감사패를 받으니 가슴이 뭉클했다. 주는 동료도 손을 떨었다. 술잔이 돌기 시작했다. 미운 정, 고운 정이 들어 분위기는 한껏 고조됐다. 그러던 중 순간적으로 침묵이 흘렀다. 한 동료가 술잔을 든 채 눈물을 흘렸다. 연기가 아니어서 모두들 놀랐다. 눈물로 석별의 정을 나누는 그가 더없이 고마웠다.

남자는 태어날 때 한 번, 부모님을 여의었을 때 두 번째 울어야 된다고 배웠다. 이도 옛말이 된 듯하다. 우는 남자가 의외로 많다고 한다. 남자의 눈물은 아껴야 한다. 그래도 진정 마음속에서 우러나는 경우라면 어찌할 수 없지 않겠는가. 그가 고맙다.

몸짱

2007년 3월 중순 무렵의 일이다. 토·일 쉬고 월요일 출근해 메일을 열어 보았다. 스팸메일이 많다 보니 대충 훑어보고 지우곤 한다. 그런데 '몸짱' 이라고 보낸 이가 눈에 확 들어왔다. 보통 때 같으면 음란메일로 생각하고 지웠을 테지만, 그 날따라 연緣이 닿으려고 그랬는지 몰라도 손이 그곳으로 옮겨 갔다.

더욱 놀란 것은 그 다음이다. 대학시절 여자 동기생으로부터 날아온 메일이었다. 인터넷 검색을 하다가 우연히 내 이름을 발견했단다. 보낸 시간을 살펴보니 토요일 밤 11시가 다 되었다. 비가 축축이 내리던 밤으로 기억된다. "잘 살고 있지? 너도 많이 변했겠지? 나도 완전 할매 다 됐단다."는 내용이었다. 그러면서도 집이나 휴대전화 번호는 없었다. 무조건 답장을 보냈다. "바보 같은 친구야, 연락처를 알려 줘야지."

며칠이 지나 연락이 왔다. 20여 년 전 목소리 그대로였다. 학교 다닐 때부터 키가 커 '몸짱' 으로 통했다. 얼마 뒤 만났다. 옛 모습을 그대로 간직하고 있었다. 친구의 가정도 넉넉함이 느껴졌다. 1남 2녀의 엄마로, 착한 아내로서 친구의 행복을 빈다.

단골주점

올해로 기자생활 23년째다. 현장을 뛰다 보니 어떻게 세월이 흘렀는지 모른다. 희끗희끗해진 머리, 이마의 주름살이 연륜을 말해줄 뿐이다. 10년이면 강산도 변한다고 했다. 무려 두 배나 지났으니 모든 것을 바꿀 법도 하다. 실제로 주변을 살펴보면 변한 게 많다.

그러나 단골집만은 그렇지 않다. 오래될수록 맛이 그윽하다. 우선 편하다. 언제 가도 내 집처럼 아늑함을 느낀다. 20여 년 전 선배 따라 간 카페가 있다. 그리 크지 않은 실내공간에 주인의 손길이 곳곳에 묻어있어 좋은 곳이다. 화려하지도 않고 소박하다. 그래서 20여 년째 단골로 이용한다. 친구나 선배들도 2차를 가자고 하면 으레 그 집으로 안다. 이쯤 되면 단골집이라고 할 수 있지 않을까.

주인의 품성도 마음에 든다. 모범택시를 이용하면 꼭 번호를 메모해둔다. 손님을 배려해서다. 그런 주인이 보이지 않았다. 암수술을 받았단다. 그 분은 성격이 워낙 낙천적이다. 반드시 고난을 이겨내리라고 본다. 주인 없는 단골집은 아무런 의미가 없다. 진심으로 쾌유를 빈다.

품성은 청춘에는 빛을 주며 노년에는 외경을 준다. – 에머슨

101세 할머니

인간에게 죽음보다 더 두려운 것이 있을까. 없을 듯싶다. 하루에도 몇 번씩 죽고 싶다는 말을 한다. 그러나 행동은 정 반대다. 조금만 아파도 병원을 찾는다. 죽음을 피하기 위해서다. 노안老眼인데 "눈이 안 보인다."고 역정을 내는 게 현실이다. 그렇더라도 노인을 잘 보살펴 드리는 것이 도리다.

형제 이상으로 가까운 선배가 있다. 아주 착하게 사는 분이다. 효자, 효손으로도 칭찬이 자자하다. 그에게는 101세 된 할머니가 계시다. 2007년 마을 어른들을 모두 불러 100세 잔치도 해드렸다. 그런데 의학적으로 불가사의한 얘기를 들었다. 할머니는 지금까지 살아오시는 동안 병원을 한 번도 안 갔다고 한다. "그게 말이 되느냐."고 거듭 확인했지만 사실이었다. 선배의 부모님이 증인이다.

그 할머니가 정성껏 뜯어 말린 고사리를 얻어 장인 제사상에 올렸다. 지금도 일상생활에 지장이 없으시다고 한다. 식사 때마다 소주 한 사발을 드신다고 하니 아이러니다. 할머니처럼 무병장수할 수 있다면 무슨 걱정이 있으랴.

부부 노래자랑

최근 네 부부가 모여 저녁을 했다. 처음 보는 이도 있어 처음
엔 조금 어색했다. 그러나 술잔이 몇 순배 돌자 금세 가까워졌
다. 나이를 따져 형·아우, 언니·동생 사이로 변했다. 한국에
서만 통할 수 있는 풍습이리라.

당초 저녁만 하기로 작심을 하고 약속장소에 갔다. 아내에게
도 여러 차례 다짐을 했기 때문이다. 술을 좋아하는지라 아내
는 나의 말을 거의 믿지 않았다. 그러나 이번만큼은 확실하다
고 큰소리를 쳤다. 분위기 탓일까. 그 약속은 여지없이 깨졌
다. 내가 먼저 2차 얘기를 꺼냈다. 아내의 곱지 않은 시선도
아랑곳하지 않았다. 이윽고 노래방으로 자리를 옮겼다.

거기서 부부 노래자랑을 했다. 부부가 한 곡씩 부른 뒤 합산
해 우승자를 가리자는 것. 솔직히 내 노래실력은 '양' 급 정도
된다. 그런데 8명 중 내가 최고점인 99점을 받아 우리 부부가
1등을 했다. 그땐 아내도 좋아라 했다. 노래자랑에서 우승해
보기는 생천 처음이다. 다들 큰 박수로 환영해주었다. 앙코르
송까지 받았으니 큰일을 낸 셈이다. 이게 살아가는 행복이 아
닐까.

번개 저녁

군수로 있는 친구의 비서에게서 아침 일찍 전화가 왔다. "군수님의 서울 일정이 바뀌어 저녁을 같이 했으면 좋겠다."는 내용이었다. 원래 점심을 같이하기로 해 시간을 비워놓고 있었다. 마침 저녁 약속도 없어 "기다리겠다."고만 전했다. 그러고는 하루 일과를 보통 때처럼 소화했다.

오후 무렵이다. 친구가 서울에 막 올라왔다며 신고를 해왔다. 그러면서 서울의 다른 지인에게는 내가 알리고, 대구의 또 다른 친구에게는 자신이 통화하겠다고 했다. 내 연락에 지인은 흔쾌히 응했다. 대구 친구는 오리라고 생각도 못했다. 그런데 정확히 오후 5시 40분쯤 회사 앞에 나타났다. KTX를 타고 왔단다. 저녁 6시30분 약속을 했는데 50분 먼저 도착한 것이다. 이렇게 해서 넷의 '번개저녁' 이 이뤄졌다.

세상이 참 좋아졌다. "서울 가서 저녁 먹고 왔다."는 말이 낯설지 않다. 우린 두 시간가량 저녁을 먹고 헤어졌다. 밤 10시 45분쯤 휴대전화가 울렸다. "이제 막 도착했네. 잘 자고." 대구 친구가 보낸 문자 메시지였다.

최악의 고독은 친구가 한 사람도 없는 것이다. － 베이컨

실명 독자

점심 식사 후 오수午睡를 즐기고 있었다. '따르릉' 전화벨이 울렸다. 잠결에도 평소 습관대로 "오풍연 논설위원입니다."라고 말했다. 상대방의 전화 목소리는 매우 부드러웠다. 나를 잘 아는 듯했다. 먼저 "위원님, 고맙습니다. 글을 즐겨 읽고 있습니다."라고 친밀감을 표시했다. "감사하다."는 인사를 건넸다.

독자는 서울신문 '씨줄날줄'과 '길섶에서' 칼럼을 빠지지 않고 읽는 듯했다. 내가 쓴 제목과 내용을 외다시피 했다. 더욱 놀란 것은, 독자가 15년 전 당뇨로 실명을 했단다. 궁금증에 "어떻게 신문을 읽느냐."고 물었다. 그는 시각장애인들을 위해 음성으로 신문을 읽어주는 프로그램이 있다고 했다. 가슴이 뭉클했다. 보통 독자보다 열 배, 스무 배의 감동을 주기에 충분했다.

중부권 명문 D고 출신인 독자는 이름만 대도 금세 알 만한 이들의 동문이었다. 그의 좌절감을 생각하니 가슴이 저렸다. 생계를 위해 안마를 배웠단다. 곧 지압원을 낸다고 했다. 성공해서 새 삶을 개척하길 빈다.

친구

흔히 친구 셋만 있으면 부러울 것이 없다고 말한다. 그만큼 친구가 중요한 존재지만, 사귀기도 어렵다는 뜻일 게다. 하지만 이를 대수롭지 않게 여기는 이들도 많다. "고작 셋쯤이야." 하면서, 어깨를 으쓱댄다. 그런 이들은 그냥 알고 지내는 사람을 통틀어 친구라고 하지 않을까.

친구親舊는 오래두고 가깝게 사귀는 사람이나 벗을 말한다. 보통 동년배를 일컫기도 한다. 그래서 초등학교, 고등학교, 대학 친구로 나눠 부르곤 한다. 나이 마흔을 넘기면 친구 사귀기가 쉽지 않다. 흔들리지 않는다 하여 마흔을 불혹不惑이라 하지 않던가. 다 알만한 처지에 속내를 보여줄 수 없는 까닭도 있을 법하다.

이 대목에선 내가 행운아다. 마흔을 넘겨 친구 여섯 명을 얻었으니…. 모두 다 분야가 다르다. 의사, 공무원, 군인, 교수, 사업가 등으로 기반을 닦았다. 이들과는 각각 우연한 기회에 의기투합해 만났다. 뜻이 통하다 보니 자연스레 친구가 됐다. 떨어져 있어 자주 만나진 못한다. 그래도 항상 버팀목이 되어준다. 시간이 흐를수록 더욱 고마울 따름이다. 친구여, 오래 살자구.

친구를 얻는 유일한 방법은 스스로 완전한 친구가 되는 것이다. — 에머슨

기다림

출근하면 제일 먼저 '받은편지함'을 열어본다. 한 독자의 편지를 기다리기 때문이다. 그와 이메일을 주고받은 지는 2년째다. 지금까지 50여 차례나 소식을 주고받았다. 분량도 족히 책 1권이 넘을 정도다. 지금은 가까운 이웃이 됐다. 그 역시 가족들과 내 얘기를 한다니 이만저만한 인연은 아닌 듯싶다.

최초 편지는 짧았다. 두 번째 메일부터는 두께가 늘었다. A4용지로 20장 가까이 보내온 적도 많다. 핵심은 내용이다. 상상의 날개를 펼 수 있는 것들로 빼곡히 차 있다. 성경부터 동서양 학자들의 얘기가 감동을 더해준다. '삶이 그대를 속일지라도…'라며 푸슈킨의 시가 소개된다. 분자 생물학자 마이클 덴턴의 '진화: 위기에 처한 이론'도 들려준다. 천문학자 로버트 자스트로의 눈에 관한 이론 역시 인상적이다.

그렇다. 누군가를 기다리는 것은 즐겁다. 아직 얼굴을 보지 못한 미지의 독자이기에 가슴이 설렌다. "이제는 제가 선생님의 독자가 된 기분입니다. 존경합니다." 짧은 답장을 보냈다. 그의 편지를 또다시 기다리면서….

장관과 주방장

유붕자원방래 불역락호有朋自遠方來　不亦樂乎라. 공자는 "친구가 있어 먼 곳으로부터 찾아오면 또한 즐겁지 않겠는가."라고 말했다. 논어 학이學而편에 나오는 글귀다.

이 세상에 친구처럼 좋은 이가 또 있을까. 더욱이 친구가 찾아오면 그 기쁨을 무엇에 비유하랴. 지난해 여름 A장관과 저녁을 함께 했다. 제법 이름 있는 식당에서 만나잔다. 수더분한 성격의 소유자이기에 대중음식점 정도를 생각했다. 평소 그분을 잘 알고 지내온 터라 다소 의외였다. 일행이 모이자 음식이 나왔다. 몇 차례 들른 적이 있었지만 그날따라 달랐다. 음식에 정성이 듬뿍 담긴 느낌을 받았다. 나뿐만이 아니라 모두가 그랬다. 한참 지나서야 장관이 궁금증을 풀어줬다. "여기 주방장이 저의 50년 지기랍니다."

주방장과는 시골 중학교 친구 사이라고 했다. 우리 일행은 어떤 분인지 보기 위해 자리로 모셨다. 장관과 주방장은 친구로서 예를 갖췄다. 서로를 치켜세우는 모습이 너무나 아름다웠다. 그래서 우정은 금보다 값지다.

인생 2막

"인제는 돌아와 거울 앞에 선 내 누님같이 생긴 꽃이여." 시인 서정주는 국화의 생태를 소재로 이렇게 읊었다. 온갖 고뇌와 시련을 거쳐 도달한 생의 원숙경圓熟境을 노래한 것이다.

서울 H호텔의 지배인으로 근무하던 지인에게서 연락이 왔다. 그동안 우리 가족에게 너무 친절히 대해주었기에 바로 기억이 떠올랐다. 그가 들려준 이야기 중에는 가슴 뭉클한 사연도 있었다. 남대문 시장을 걷다가 두 다리가 없는 장애우를 보았단다. 스피커를 밀며 뜨거운 아스팔트 위를 기어다니는 것을 본 순간 그는 말을 잊고 말았다. "저 사람은 얼마나 더울까." 여름에 시원하고, 겨울에 따뜻한 호텔 생활은 그야말로 천국이었다고 회상한다.

그렇다. 사람들은 자기 위주로 세상을 재단하고 생각한다. 때로는 다른 사람의 위치에서 세상을 되돌아볼 필요가 있다. 그 역시 장애우를 보면서 더욱 용기를 얻었다고 했다. 지금 그는 한 보험사의 전문 마스터 플래너로 일한다. "이제 제2의 인생을 위한 교두보를 마련했습니다." 그의 성공을 확신한다.

형님과 아우

우리말은 참 정겹다. 형님과 아우도 그중 하나다. 우선 어감부터 다정하게 다가온다. 왠지 남 같지가 않다. 비록 피를 나누지 않았어도 형제 같은 친근함이 느껴진다.

나는 형님이 많은 편이다. 친한 경우 스무살 차이까지는 그렇게 호칭한다. 그들도 함께 늙어간다며 싫어하지 않는다. 오히려 고마워한다. 젊은 사람의 기를 받을 수 있어 좋단다. 그런데 남자끼리 만나서는 그 관계가 오래 지속될 수 없다. 가족, 적어도 부부가 만남을 이어가야 맥이 끊어지지 않는다. 집안 방문도 필수적이다. 밖에서 아무리 자주 만나도 집을 한 번 방문하는 것만 못하다. 사는 모습을 봐야 서로를 알 수 있기 때문이다.

어떤 이는 대한민국에 형님 아우가 5000명에 이른다고 자랑한다. 진정한 관계는 아닐 듯싶다. 지난해 아우가 처음 생겼다. 매주 금요일이면 영락없이 안부전화나 메시지가 온다. 월요일 확인하는 것도 빠뜨리지 않는다. "형님, 주말 연휴 잘 보내셨어요?" 형님과 아우가 있기에 삶이 즐겁다.

세상에서 가장 행복한 사람은 수많은 타인의 행복을 먼저 생각해주는 사람이다.

— 디드로

인연 1

불가에서는 옷깃만 스쳐도 인연이라고 한다. 모든 게 소중하다는 뜻일 게다. 따라서 매사를 가벼이 여겨서는 안 된다. 그러나 그것이 쉬운 일인가. 보통은 잊고들 산다. 그러다 보니 정도 메말라 간다. 정보화 시대에 살고 있는 우리네의 자화상이 아닌가 싶다.

주말 연휴를 보내고 평소 습관처럼 이메일을 검색하다가 어렴풋이 알 것도 같은 이름을 발견했다. 그래서 메일을 열어보았다. 몇 년 전 나에게 글을 보냈던 분이었다. 고마움이 앞섰다. 논설실을 떠났다가 20여 개월 만에 다시 돌아왔기에 더 반가웠다. 한 번도 본 적이 없는 기자의 신상을 대략 알고 있었다. 충청도 어딘가에서 났고, 대전에 연고가 있고, 70년대 학번까지 알아 맞혔다. 마치 지인을 대하듯 친근감이 생겼음은 물론이다.

마무리 말은 용기를 북돋워 주었다. "요즘처럼 하루하루가 답답한 시간에 논설위원님들의 글을 읽고 위안 삼습니다." 그렇다. 자기가 알고 있는 모든 이들을 소중하게 여기자. 거기에는 꿈과 희망이 있다. 인연이 많을수록 삶이 풍요로워지지 않을까.

인연 2

공군가족이 된 뒤 '인연'이라는 칼럼을 올린 적이 있다. 인연의 소중함을 강조하면서 또 다른 인연을 기대했었다. "일보다 사람이 더 어렵다고 합니다. 그리고 그것을 절감하는 요즈음입니다. 물론 '자공모'의 인연들은 보통 연이 아닌 것 같습니다. 아마도 같은 곳을 바라보기 때문에 더욱 그러한 것 같습니다. 여기 오신 모든 분들은 좋은 인연으로 남을 것이라 여깁니다." 한 어머니가 나의 글에 단 댓글이다.

아들이 입대한 뒤 새로운 기쁨이 생겼다. '자랑스런 공군가족 모임자공모' 카페에 들르는 것이다. 현재 회원 수가 9000명을 넘는다. 지난해 12월 개설했는데 엄청난 반응을 보이고 있는 셈이다. 각 기수별로 토론방이 있다. 실시간으로 소식을 주고받기에 모두 한가족 같다. 몇 분과는 전화통화도 했다.

지난 5월 용민 아버지의 목소리를 들었다. 675기 회장을 하기에 부족함이 없을 정도로 박력이 넘쳤다. 며칠 후에 만나기로 약속했다. 소중한 인연을 맺어준 아들들이 고맙다. 너희들이 있었기에 아빠들도 기쁘단다.

인연 3

기다림은 흔히 지루하다고 한다. 결과를 예측할 수 없을 땐 더욱 그렇다. 처음 만날 사람을 기다리는 심정은 어떨까. 설레임이 앞설 게다. 어떻게 생겼을까, 무슨 일을 할까, 실망하진 않을까. 모든 상상력이 동원될 듯하다. 그래서 기다림은 즐거운 측면도 많다.

아들 녀석을 군에 보낸 뒤 중요한 약속을 했다. 오늘이 그날이다. 녀석 동기인 용민 아빠와 만나기로 한 것. 그 분은 카페 회장도 맡고 있어 궁금증이 더했다. 아내도 아침부터 거들었다. "시내까지 나오시는데 맛있는 것 사 드리세요." 정오 무렵 첫인사를 나눴다. 누가 먼저랄 것도 없이 서로를 알아봤다. 예상 역시 빗나가지 않았다. 단정한 모습에 의욕이 가득 차 보였다. 점심을 함께 하면서 또 다른 인연을 찾았다. 나의 여동생과 용민 엄마는 대학 동창이었다. 둘의 인연도 맺어주는 계기가 됐다. 인연을 소중히 여긴 결과였다. 용민 아빠는 위트가 넘쳤다. 금세 "선배님"이라고 불렀다. '형님과 아우'를 좋아하는 나의 마음을 어찌 알았는지…. 자주 연락을 주는 그가 존경스럽다.

꽃담

"삶이 더 추락하고 황폐하기 전에 꽃담 닮은 향기로운 삶이고 싶다." 소포로 선물을 받은 책의 겉 장에 적힌 구절이다. 표지가 너무 예쁘다. '우리 동네 꽃담'이라는 제목처럼. 단아함 속에 토속적인 멋이 배어있다. 진흙 담장, 기와, 꽃 등이 있는 그대로의 자태를 숨기지 않는다.

지난해 일인 듯싶다. 책상에 우표가 잔뜩 붙어있는 누런 봉투가 놓여있었다. 들어보니 책이었다. 그러나 보낸 이는 알 수 없었다. 궁금증은 곧 풀렸다. 책의 사진을 찍은 이였다. 명함첩을 모조리 뒤져봤다. 없었다. 그래서 출판사에 전화를 걸었다. 다행히 직원이 그 작가의 휴대전화 번호를 알려줬다. 바로 통화가 이뤄졌다. 나의 신분을 밝히고 감사의 인사를 건넸다. 그런 다음 보낸 사유를 물었다. "애독자로서 조그마한 성의"라고 겸손해했다. 더없이 고마웠다.

뜻하지 않은 선물은 감동을 배가시킨다. 책은 소양을 쌓을 수 있기에 더욱 좋다. 받는 사람 역시 부담이 덜하다. 날씨가 덥다. 좋은 책을 선물해 지인들의 올 여름도 즐겁게 하자.

선물을 품위 있고 정중하게 받으면 보답할 것이 없더라도 보답하는 셈이 된다.

― 리 헌트

편지

옛적 편지는 마음의 고향이었다. 부모님, 연인과 그것을 통해 교감을 나눴다. 한글을 겨우 깨우친 어머님의 편지는 심금을 울렸다. 어려운 객지생활에 큰 힘이 되기도 했다. 그래서 우체부는 희망의 메신저였다. 산골 오지까지 편지를 배달했다.

요즘은 육필로 쓴 편지를 보기 어렵다. 이메일이나 휴대폰 문자 메시지로 소식을 주고받는다. 문명의 이기는 우리의 생활마저 변화시켰다. 글씨를 쓰는 일이 거의 없어졌다고 해도 과언이 아니다. 대부분 컴퓨터 앞에서 자판을 두드린다. 특히 한문은 사용하지 않다 보니 제대로 써지지 않는다. 쉬운 한자도 사전을 찾아야 할 판이다.

나 역시 마찬가지다. 편지를 직접 써본 게 20년은 넘을 듯하다. 언제 마지막인지 기억이 가물가물하다. 지인에게 보내는 소식도 워드 작업을 한 뒤 이름만 한글로 쓸 정도다. 몇 달 전 한 분에게서 편지를 받았다. 겉봉도 예쁘거니와 내용 또한 정감이 넘쳐흘렀다. 글자 한 획마다 그 분의 느낌이 다가왔다. 전화로 인사를 대신한 게 송구스럽다.

노환

죽음은 피할 수 없다. 누구나 겪게 된다. 맨몸으로 태어나 맨몸으로 가는 것이 인생이다. 그럼에도 사는 동안 별수를 다 부린다. 남보다 장수하고 나은 삶을 살기 위해서다. 지나고 나면 모두 부질없는 일인데….

인간에게 가장 큰 욕심은 뭘까. 돈, 명예, 권력도 아니다. 오래 사는 것이다. "죽겠다."고 입버릇처럼 얘기들 한다. 창피해서, 먹고 살기 힘들어서 등 갖가지 이유를 댄다. 막상 "죽어보라."고 떠밀면 사정이 달라진다. 안 죽으려고 발버둥 친다. 그것 또한 인간이다. 스스로 목숨을 끊는 극단적 선택을 하는 이들도 본다. 어리석다고 할 수밖에 없다. 죽음보다 값진 삶을 망각한 것이다.

'101세 할머니'를 칼럼으로 쓴 적이 있다. 그 할머니가 돌아가셨다. 노환으로 숨을 거뒀단다. 호상임에 틀림없다. 백수를 누리고 세상을 떴으니 여한이 없을 듯하다. 그런데 자손들은 달랐다. "110세까지는 사실 줄 알았는데 일찍 가셨다."고 한다. 환갑이 가까운 손자가 할머니를 그리며 슬픔을 달랬다.

알차게 보낸 하루가 편안한 잠을 가져다주듯이 알찬 생애가 평온한 죽음을 가져다준다.
— 다빈치

임종

매사에는 처음과 끝이 있다. 이를 시종始終이라 한다. 이 세상에 만고불변은 없다. 언젠가는 사라지게 된다. 인생사도 그렇다. 아무리 발버둥 쳐도 죽음 앞에선 불가항력이다. 그것을 담담하게 받아들이는 것이 현명하다. 그래야 두려움도 없어진다.

누구나 한 번은 죽음을 맞닥뜨려야 한다. 인간에게 주어진 운명이다. 그 모습이 안타까움을 더해 주기에 상상조차 하기 싫다. 올 초 지인의 상가에 들렀다. 부인을 잃은 마음의 상처가 컸던지 매우 수척해 보였다. "임종은 지켜보았느냐."고 위로의 말을 건넸다. 그런데 의외의 반응을 나타냈다. "도저히 볼 수 없어 자리를 피했다."고 전했다. 사랑하는 사람의 마지막 모습을 차마 눈 뜨고 볼 수 없었다는 것. 그 분의 평소 성품으로 볼 때 이해가 갔다. 극진한 병간호는 주위를 감동시키곤 했다.

인간이 편안하게 죽을 권리는 부여 받지 못했다. 안락사를 제시하지만 그 가능성이 희박하다. 고통 없는 죽음, 아름다운 임종은 모두의 바람일지도 모른다.

삶은 죽음에서 생긴다. 보리가 싹트기 위해서는 씨앗이 죽지 않으면 안 된다. — 간디

폭우와 미망인

그날은 장대비가 온종일 퍼부었다. 빗방울이 굵어 밖에 돌아다니지 못할 정도였다. 그래서 어른들은 아이들에게 금족령을 내렸다. 행여 급류에 발을 헛디뎌 무슨 일이라도 당하지 않을까 하는 우려에서였다. 실제로 시골에는 크고 작은 도랑이 적지 않았다. 배수시설이라곤 없던 때여서 큰비만 오면 도랑이 내를 이루기도 했다. 그만큼 위험요소가 산재해 있었던 것이다.

그날 저녁 무렵, 동네에는 한바탕 소동이 벌어졌다. 점심을 먹고 냇가에 갔던 남자가 실종됐기 때문이다. 그는 침목을 건지러 뛰어들었다가 급류에 휩쓸려 떠내려갔다. 시신도 이틀 뒤에야 발견됐다. 그에게는 스물을 갓 넘긴 부인과 두 살배기 아들이 있었다. 그들 부부는 금슬이 무척 좋았다. 가난 때문에 이곳으로 이사와 광산을 다녔지만 둘 다 심성이 착했다. 남편은 사고가 났던 날도 땔감을 구하기 위해 위험을 아랑곳하지 않았다. 이후 어린 신부는 아들과 함께 시골을 떠났다.

30여 년 전의 일이다. 그 미망인은 재혼하지 않고 아들을 훌륭히 키워냈단다. 비가 억수로 쏟아지는 날이면 그들 모자가 생각난다.

고문관

어느 조직에서나 잘 적응하지 못하는 부류가 있다. 우리는 그들을 '고문관顧問官'이라 부른다. 잘 살펴보면 하나같이 특색이 있다. 행동이 한 박자 늦는 경우가 많다. 다른 것은 나무랄 데가 없는데 유독 몸 움직임이 굼뜨다. 따라서 낭패를 보기 십상이다. 특히 군에서 고문관과 함께 있으면 내무생활이 괴롭다. 그래도 군대 얘기는 추억이 많기에 언제나 즐겁다.

논산 연무대에서 동고동락을 같이 한 동료로부터 연락이 왔다. 인터넷에서 나의 이름과 얼굴을 보고 대뜸 알아봤단다. 그 친구는 당시 상황을 소상히 기억하고 있었다. 시험을 보고 첫 카투사병으로 입대한 터여서 훈련 기간이 길고 강도도 높았다. 우리 소대에는 이른바 고문관이 2명 있었다. 그들이 못해도 책임은 훈련병 대표를 맡았던 나에게 돌아왔다. 그래서 생전 맞아보지 않았던 매도 흠씬 맞아 보았다. 연락을 받고 보니 고문관 친구들이 더욱 궁금해졌다.

또 다른 동료도 같은 날 소식을 전해왔다. 그들끼리 미리 연락을 했던 것. 셋이 무조건 만나자고 했다. 그들과 회포를 풀면서 고문관들의 근황도 알았으면 좋겠다.

청첩장

결혼식이 많은 계절이다. 청춘 남녀가 만나 백년가약을 하니 더없이 축하할 일이다. 게다가 오랜만에 친인척과 지인 등을 볼 수 있어 금상첨화다. 청첩장은 이 같은 장을 마련해주는 메신저다. 그러나 삶에 여유가 없어지면서 부담이 되는 것 또한 사실이다. 연락을 받으면 우선 망설여지기도 한다. 면식이 별로 없는 데서 소식을 전해올 경우 정말로 난감해진다.

3년 전. 한 통의 청첩장을 받았다. 요즘은 겉봉도 거의 대부분 타이핑을 해서 보낸다. 자필로 쓴 것은 찾아보기 힘들다. 그런데 그 청첩장은 예쁜 글씨로 보내는 이와 받는 이를 적었다. 그 안에는 미술을 전공한 신랑이 직접 만든 카드와 함께 메모지에 쓴 편지가 있었다. "저 시집갑니다. 좋은 날이라 염치 불구하고 기쁜 마음으로 카드를 드립니다." 신부의 해맑은 표정이 중첩됐다. 연락이 없어도 꼭 챙기려던 터에 편지까지 받은 기쁨을 무엇에 비하랴.

작은 정성이 곧잘 사람을 감동시키곤 한다. 또 함께 사는 세상에서는 더 돋보이기 마련이다. 그들의 결혼식이 내 일처럼 기다려진다. "꼭 참석하겠습니다."

결혼이란 단순히 만들어놓은 행복의 요리를 먹는 것이 아니고, 이제부터 노력하여 행복의 요리를 둘이서 만들어 먹는 것이다. – 피카이로

의형제

형제간에도 자주 못 만나는 세상이 됐다. 도처에 흩어져 살다 보니 만나기가 어렵다. 설, 추석, 제사, 벌초할 때나 한 자리에 모인다. 1년에 4~5차례 만나는 것만으로도 다행으로 여기는 오늘날이다. 그만큼 삶 자체가 팍팍해졌다는 애기이기도 하다. 요 몇 년간 출산율이 1명을 겨우 넘는다. 앞으로는 만날 형제조차 없어지게 되는 셈이다.

20여 년간 직장생활을 해오면서 형제에 버금가는 선배들을 여럿 만났다. 가족끼리 자주 만나다 보니 큰아빠, 삼촌이라는 호칭이 자연스럽다. 아이들도 친사촌 이상으로 잘 지낸다. 혼자 자란 아들 녀석은 큰아빠가 많다고 자랑한다. 얼마 전에는 만난 지 15년 이상 된 선배와 저녁식사를 함께 했다. 부부동반은 처음이어서 서먹서먹했지만 금세 가까워졌다. 3시간이 훌쩍 지나갔다. 자주 만나자는 약속과 함께 헤어지는 발걸음 역시 가벼웠다.

누구나 혼자는 외로운 법이다. 어울려 지내는 것이 훨씬 낫다. 그러려면 주변 사람들을 소중하게 생각해야 한다. 자신이 마음의 문을 열 때 상대방도 닫힌 가슴을 연다. 의형제도 공을 들여야 맺을 수 있다.

졸업앨범

초등학교 졸업앨범을 어렵사리 구했다. 물론 원본은 아니다. 동창 녀석이 10여 쪽짜리 복사본을 건네줬다. 그래도 너무 반가웠다. 까마득히 잊고 있었기 때문이다. 다행히 앨범을 보관해온 친구가 있어 손에 쥐는 게 가능했다. 1970년대 초반만 해도 앨범을 살 수 있는 가정이 얼마 되지 않았다. 중학교 진학률이 절반도 안 됐으니 그럴만하지 않겠는가. 그래서 사진만 찍고 졸업하는 경우가 많았다.

첫 장을 넘기는 순간부터 가슴이 떨렸다. 정든 모교 전경과 교기·교모, 교장 선생님 사진 등이 나왔다. 다음 장에는 교감을 비롯한 전 교직원의 30여 년 전 모습이 그대로 다가왔다. 고인이 된 분도 많다고 들었다. 조회시간, 운동회, 학교 자랑 등도 실렸다. 친구들은 대부분 까까머리였다. 그러나 얼굴 윤곽은 예나 지금이나 거의 비슷해 금세 분간할 수 있었다. 시골티가 덕지덕지 묻어났다. 얼마나 우스꽝스럽던지 혼자 배꼽을 잡기도 했다.

요즘 초등학교 동창생끼리 자주 어울린다. 모두들 때 묻지 않아서 좋다. 초심初心 그대로다. 만사 제쳐두고 얼굴을 꼬박 내미는 그들이 사랑스럽다.

배려

"자네 별일 없지. 바쁠 것 같아 편지로 대신하네. 건강 조심하구." 시골에서 목회 일을 하고 있는 친구가 종종 보내주는 문자 메시지다. 개척교회여서 신도를 찾아다니는 데만도 하루해가 훌쩍 지나갈 텐데 이따금씩 진동이 울린다. 확인해보면 그 친구다. 내용도 대동소이하다. 그저 잘 있는지 안부만 물을 뿐이다. 그때마다 전화를 바로 돌린다. 발신자 번호를 보고 먼저 선공을 하는 것도 그 친구다. "우째 잘 지내는 겨. 어머님도 안녕하시고?"

충청도에서 함께 자란 녀석이다. 어릴 적부터 친구를 배려하는 마음이 남달랐다. 그중에서도 나에게는 더욱 잘해 줬다. 배고프던 시절이라 사탕 하나, 호떡 한 개도 갈라 먹었다. 내리 5년간 같이 지내다가 6학년 때 헤어졌다. 내가 도청소재지로 유학을 떠나면서부터였다. 방학은 친구와의 만남으로 더욱 기다려졌다. 스무 살이 넘으면서 서로 연락이 끊기다시피 했다. 7년 전쯤 된 것 같다. 그토록 보고 싶었던 친구에게서 전화가 왔다.

그때도 똑같았다. "잘 지낸 거지. 나 목사 됐네." 친구를 배려하는 마음도 여전했다. 올해도 몇 차례 메시지를 받았다. 시골 교회를 찾아가 정담을 나눌 날이 기다려진다.

다른 사람이 말하는 일에는 세심한 주의를 기울이고, 말하는 상대방의 마음속으로 파고들도록 그대 자신을 길들이게 하라.   - 아우렐리우스

도원결의

2005년 여름 일이다. 2주 연속 같은 골프장을 찾게 됐다. 고향 선배와 학교 선배로부터 각각 초대를 받았다. 첫 주말 라운딩을 즐겁게 했다. 초면인 사람과는 명함만 주고받는 게 보통이다. 우리 일행도 그랬다.

다음 번 일정에 대해 연락이 왔다. 그런데 골프장과 시간대가 거짓말처럼 똑같았다. 이런 경우가 흔치 않은 터라 꼭 짚이는 구석이 있었다. 그래서 선배에게 전화 다이얼을 돌렸다. "누구도 나오느냐."고 했더니 "그렇다. 어떻게 아느냐."고 되물었다. 하마터면 영문도 모른 채 그 친구와 또다시 맞닥뜨릴 뻔했다. 명함을 보고 미리 전화를 넣어 무안함을 달랬다.

두 번째 라운딩에서는 오히려 편안했다. 그 친구 역시 2주 연속 운동을 함께 하기는 처음이라고 했다. 다른 일행과 달리 많은 얘기를 나누게 됐다. 나이도 동갑내기였다. 학번 역시 같았다. 부인도 네 살 차이로 똑같았다. 둘 다 보통 인연이 아님을 느꼈다. 그러니 더욱 가까워질 수밖에…. 그날 저녁 자리를 옮겨 친교를 나누면서 '도원결의'를 하였다. 그 이후 우정은 더욱 깊어지고 있다. 골프가 인연을 맺어준 친구다.

술의 낭만에 관해

한겨울 설악산에 올랐다. 눈이 많이 와 하산을 못하고 산장에서 하룻밤을 신세지게 됐다. 주인과 개, 나 이렇게 셋 뿐. 밤늦도록 산장 주인과 막걸리 술잔을 기울였다. 문득 난로 옆의 개가 처량해 보였다. 장난기가 발동한 객客. 개와 2차 대작을 했다. 송아지만한 셰퍼드는 주량도 대단했다. 그러기를 두어 시간. 개는 흥이 났는지 앞발을 들고 춤을 췄다. 고주망태가 된 객은 개처럼 기어다니며 장단을 맞췄다.

통금이 있던 시절, 한 무리의 교수들이 대학 근처에서 술잔을 주고받았다. 한 잔 두 잔 건네다 보니 자정을 훨씬 넘겼다. 학교 근처 교수 집으로 몰려가 2차를 하기로 작당했다. 그런데 파출소를 통과해야 하니 난감하기 짝이 없었다. 한 교수가 반짝 아이디어를 냈다. 대여섯 명의 교수들은 개처럼 기어 파출소 앞 통과를 시도했다. 아뿔사, 경찰에게 들키고 말았다. "술 먹으면 개지."라는 해명을 들은 경찰, 빙긋이 웃으며 그대로 통과시켰다.

옛날에는 이처럼 낭만이 있었다. 그러나 요즘은 어떤가. 무미건조한 술자리만 이어질 뿐이다. 대학시절 은사가 들려준 술에 관한 낭만이 이 가을과 함께 가슴을 파고든다.

흑백TV

해질 무렵, 동네 사람들이 하나둘씩 몰려온다. 큰 멍석이 그들을 기다린다. 앞자리는 언제나 노인들 차지. 바짓가랑이가 해져 고추가 보일 듯 말 듯한 손자는 할머니 무릎에서 온갖 재롱을 피워댄다. 젖먹이 아기는 엄마 품속에서 곤한 잠에 빠진다. 농사일로 파김치가 된 장정들은 졸음을 쫓느라 무진장 애쓴다. 마당 한쪽에선 모닥불이 피어오른다. 어릴 적 우리 마을에 흑백텔레비전이 처음 들어왔던 때의 모습이다.

당시 가장 재미있었던 것은 프로레슬러 김일 선수의 경기였다. 그의 박치기 한 방에 상대 선수들은 그대로 무너졌다. 특히 일본 선수를 넘어뜨릴 땐 동네가 떠나갈 듯했다. 30여 가구 중 방앗간 집이 맨 처음 TV를 들여왔다. 면 소재지 다방에나 가야 텔레비전을 볼 수 있었으니, 다른 가정에서는 꿈도 꿀 수 없었다. 그 집 애들이 동네 꼬마들로부터 부러움을 산 것은 당연했다.

그랬던 우리나라의 전자산업이 현재는 세계 최고를 자랑하고 있다. 80인치짜리 대형 PDP TV도 선보였다. 이제 흑백텔레비전은 골동품 반열에 올랐다. 그래도 내게는 TV를 보는 재미가 그때만 못하다.

고향

어머니 가슴 같은 푸근함이 있다. 언제 찾아가도 따스하게 맞아준다. 고향이다. 산천은 옛날 그대로다. 도시인들은 그곳이 있기에 즐겁다. 명절 때뿐만 아니다. 힘든 일이 있어 찾아가면 용기를 북돋워준다. 경제가 어려워질수록 조상 묘소를 찾는 사람들도 부쩍 많이 눈에 띈다고 한다.

30여 년 전 떠날 당시 고향은 제법 흥청망청했다. 광산 개발 붐을 타고 외지인들이 몰려들었기 때문이다. 집집마다 서너 가구씩은 됐다. 농사를 짓는 것보다 광산에서 일하는 편이 수입도 훨씬 나았다. 어려운 집안의 경우 남녀노소를 불문하고 광산 취직을 자랑으로 삼았다. 초등학교를 졸업하자마자 광산에서 일한 동창생도 여럿 있다. 그러나 영화는 오래가지 못했다. 그로부터 10여 년 뒤 광산은 사양길에 접어들었다. 외지인들도 하나둘씩 등지기 시작했다. 지금은 복개공사를 해 흔적을 찾아보기 어렵다. 석탄박물관만이 체험 교육장으로 활용되고 있다.

최근 초등학교 동창생들이 한 음식점에 모였다. 너도 나도 고향 예찬론을 늘어놓았다. 많은 이가 고향을 등졌지만, **고향이 있는 우리가 행복하다고 했다.** 2·3차로 이어지면서 고향은 더욱 가깝게 다가왔다.

노점상

계절을 알려주는 사람들이 있다. 노점상이다. 손결이 거친 할머니가 냉이와 달래를 다듬으면 봄이다. 반팔차림이 눈에 띄면 어느 샌가 참외·수박·자두로 바뀐다. 삼복더위엔 포도를 선보인다. 찬 바람이 부는가 싶으면 감과 귤이 좌판을 차지한다. 그렇게 비가 오나 눈이 오나 지하철역 입구 한 귀퉁이엔 그 할머니가 있다.

60~70대의 어머니 중에는 그런 경험을 가지고 있는 분이 적지 않다. 자식들을 위함은 물론이다. 나의 어머니도 감·밤을 광주리에 이고 삼십리 가까운 시장을 걸어서 오갔다. 어머니들은 그렇게 내리사랑을 베풀었다. 40~50대에겐 추억으로 자리잡고 있기도 하다. 그 때문인지 할머니만 보면 가슴이 뭉클해진다 .꼭 어머니를 접하는 기분이다. 팔다 남은 할머니의 물건이 많이 있으면 더욱 안쓰럽다. 그런데 한 번도 팔아드리지 못했다. 정장 차림이라는 핑계로….

그런데 할머니가 안 보였다. 아이 엄마는 "할머니가 편찮으시다."는 얘기를 건네 들었다고 했다. 할머니가 있던 자리엔 젊은 부부가 토스트와 우유를 팔고 있다. 할머니가 다시 좌판을 벌이면 물건을 꼭 사주리라.

목욕탕

매주 일요일 새벽이면 꼬박꼬박 찾는 곳이 있었다. 동네 목욕탕이다. 아이가 초등학교에 들어간 뒤부터다. 아들 녀석은 전날 신이 나서 때수건과 면도기를 챙겨 놓는다. 10년째 접어들었는데도 똑같다. 국·내외 출장 때를 빼곤 거의 거른 적이 없다. 녀석도 이젠 성인 티가 난다. 턱 수염뿐만 아니라 골격도 제법 어른스럽다. 딸 하나를 둔 친구는 우리 부자父子를 가장 부러워한다.

그곳에서는 사람의 향기를 느낄 수 있다. 부자도, 노숙자도, 가난한 사람도 함께 들어온다. 하지만 신분을 알 수는 없다. 알몸 그대로이기 때문이다. 평등 그 자체다. 오가는 말 역시 그렇다. 항간에 한참 떠도는 얘기들이 많다. 3대代가 서로 등을 밀어주는 모습도 볼 수 있다. 모르는 사람끼리도 때를 밀어달라고 등을 내민다. 얘기를 나누다 보면 바로 가까워지기도 한다.

그런 동네 목욕탕들이 사양길로 접어들어 안타깝다. 대규모 찜질방 등에 자리를 내주면서 하나 둘씩 문을 닫고 있다. 아들 녀석과 함께 다니던 목욕탕도 지난해 봄 문을 닫았다. 재개발 바람을 타고.

반창회

이른바 명문 대학에 25명 남짓 합격, 거기다 국립 S대 차석, K대 전체 수석. 30년 전 3학년 8반이 거둔 졸업 성적표다. 그동안 자주 만날 법도 한데 한 번도 만나지 못한 친구들이 태반이다. 이유는 똑같다. 먹고 살기 힘들어서….

지난 7월 초 반창회를 했다. 머리가 희끗희끗한 신사들이 하나둘씩 들어온다. 볼이 깊게 패어 금방 알아보기 힘든 녀석도 있다. 솜털이 보송보송하던 그때의 모습들은 지워졌다. 세파에 찌든, 중년의 모습 그대로다. 일찍 세상을 떠난 두 벗은 영영 참석할 수 없다. 소주잔이 오가면서 학창시절로 돌아간다. 우등생들이 먼저 입에 올랐다. 개중에는 일이 뜻대로 안되어 연락을 두절하고 사는 친구도 있다고 한다. 자존심 때문이라 생각하니 서글픈 생각마저 든다. 순수한 만남과 우정도 갈라놓으니 말이다.

그 다음 화제론 늘 그렇듯 담임선생님이 등장했다. 모두 어린 애처럼 투정을 늘어놓는다. 칭찬보다는 호된 꾸지람을 많이 기억했다. 막 환갑을 넘겼을 선생님이 아른거린다. 다음 반창회 때는 선생님을 꼭 모셔야지….

부러운 그들

나이가 들면서 부러움의 대상도 바뀐다. 그게 뭘까. 사람마다 다를 터. 공통적 바람은 있다. 건강과 돈이다. 둘은 정말로 긴요하다. 돈으로 살 수 없는 것이 건강이다. 미리 예방하면 아프지 않고 오래 살 수 있다. 건강에도 정성과 노력을 쏟아야 한다. 그래야만 튼튼한 몸을 가진다.

나는 나이에 비해 경험을 다양하게 한 편이다. 밑바닥 인생부터 대통령까지 가장 지근거리에서 지켜봤다. 주먹의 힘과 살아있는 권력을 간접적으로 체험한 셈이다. 그들은 결코 행복하지 않았다. 권불십년, 화무십일홍이라던가. 행복지수도 우리네보다 낮다.

최근 공군 가족들이 서울근교서 모임을 가졌단다. 부부동반 5쌍에, 싱글 9명. 번개모임치곤 대단한 성과다. 자발적이기에 더욱 자랑스럽다. 아들 동기생 어머니의 병문안도 겸했다니 의미는 되짚을 필요가 없다. 자리를 함께 하지 못한 것이 못내 아쉽다. 모임의 처음과 끝을 사진으로 보여줘 고마울 따름이다. 참석자 모두 건강해 보였고, 부러울 게 없는 이들 같았다. 이 같은 소모임이 활성화되길 빈다.

향우회

지난해 초의 일이다. 고향 면민회에서 초청장이 날아 왔다. 주소를 어떻게 알았는지 궁금했다. 한 번도 향우회에 나간 적이 없기 때문이다. 또 초등학교 때 도회지로 유학을 떠나 고향은 늘 마음속에만 머물렀다. 하지만 이번엔 느낌부터 달랐다. 왠지 참석하고 싶은 생각이 들었다. 봉투를 뜯어보곤 더 놀랐다. 향우회 장소가 서울 세종문화회관 세종홀이었다. 빌리기도 어렵거니와 큰 행사를 치르는 곳이어서 더욱 의아했다.

그 궁금증은 참석해서야 풀렸다. 큰 홀을 꽉 채웠으니 400여 명은 족히 될 법했다. 음식이 푸짐하게 나왔고, 여흥시간엔 유명가수와 밴드까지 선보였다. 세종홀에서 면 단위 향우회를 한 것은 두 번째라고 했다. 첫 번째는 대통령을 배출한 면에서 치렀단다.

향우회장이 사비를 털어 마련한 자리였다. 회장은 그러면서도 연신 머리를 조아렸다. 효자 · 효부를 선정해 금일봉도 건넸다. 그런 자세에서 자만심은 조금도 찾아볼 수 없었다. 졸부가 판을 치는 세상이어서 더 아름다워 보였다.

겸손을 배우려 하지 않는 자는 아무것도 배우지 못한다. – 메러디드

쾌유

으레 그렇듯 샤워를 마치고 나와 휴대전화를 열어보았다. 집에서 걸려온 부재중 전화가 3통이나 찍혀 있었다. 느낌이 이상했다. 집 전화는 두 번 이상 찍힌 적이 없었기 때문이다. 조심스레 집 전화번호를 눌렀다. 아내는 버럭 화부터 냈다. 다짜고짜 "어디 갔었느냐."고 따졌다. 그러면서 "○○아빠가 쓰러졌다."고 울먹였다. 신체 건장하던 친구가 갑자기 쓰러지다니…. 눈앞이 캄캄했다.

친구는 10시간에 걸친 대수술을 받았다. 다행히 수술은 잘 됐다고 한다. 중환자실에 있다가 일주일만에 일반 병실로 옮겼다. 녀석과는 형제 이상으로 가깝게 지내왔다. 고3때 만났으니 벌써 30년째다. 고교·대학 때는 거의 같이 먹고 자고 했다. 결혼 후엔 휴가도 매년 함께 다녔다. 특히 기자인 내 건강에 신경을 많이 써 주었다. "친구가 건강해야 된다."며 몸에 좋다는 음식은 어디서든 구해왔다. 오죽했으면 친구 부인이 샘날 정도라고 했을까.

그런 친구에게 지금 내가 해줄 수 있는 것이 없다. 쾌유를 빌며 매일 저녁 병원을 찾는 것으로 대신하고 있다. 건강보다 더 소중한 것은 없는 듯싶다.

小대强

사람은 나서고 싶어 한다. 그것이 인간의 심리다. 칭찬을 받으면 우쭐하고, 이를 유도하기도 한다. 머리를 숙이는 사람은 드물다. 바보 취급을 당하기 때문이다. 요즘은 난 체하는 것이 처세술이기도 하다. 자기 PR의 시대가 도래한 것이다.

최근 유명인사와 의미 있는 만남을 했다. 이름 석 자만 대면 알 수 있는 이와 두 시간 넘게 점심을 함께 했다. 몇 번 대면한 적은 있지만, 첫 만남이라서 방심할 수 없었다. 그 분의 회사를 먼저 방문했다. 얼마나 세심하던지 가는 도중 전화가 왔다. "혹시 늦을지도 모르니, 양해해 주십시오." 정중한 어조로 저간의 사정을 얘기했다. 부담을 드리지 않기 위해 흔쾌히 동조했다.

이윽고 자리를 옮겨 점심시간. 흐트러짐 없는 자세로 끝까지 임했다. 강자의 모습은 어디에서도 찾아볼 수 없었다. 나의 치기(?)를 모두 받아 들였다. 뒤끝도 아름다웠다. "잘 가셨는지요? 만나서 참 좋았습니다. 늘 건강하십시오." 하루가 유쾌했다. 세상에는 훌륭한 사람들이 많다. 그래서 살 맛 난다.

손윗사람에게 겸손하고 동등한 사람에게는 예절 바르며 아랫사람에게는 고결해야 한다.
– 프랭클린

사람내음

사람에겐 내음이 있다. 엄마 뱃속에서 태어날 땐 똑같다. 그러나 성장하면서 바뀌게 된다. 진한 향기가 있는 사람이 있는 반면, 인정이라곤 찾아볼 수 없는 사람도 있다. 가정 등 주위 환경이 많은 작용을 한다. 후천적 요소가 크다는 방증이다.

지인이 경기도 안성에 조그만 별장을 지었다. 그곳에 여러 명이 초대를 받았다. 야외에서 시원한 맥주를 곁들여 저녁 식사를 했다. 더위가 기승을 부리는데도 모기가 없었다. 별이 총총 보일 만큼 밤하늘도 맑았다. 취기가 조금 오를 무렵 전직 장관 한 분이 일어나셨다. "사람 사는 집에는 사람이 찾아와야 합니다." 덕담은 그것으로 끝이었다. 최소 2~3분의 말씀을 건넬 것으로 기대했던 일행은 서로의 얼굴을 쳐다봤다. 그러면서 고개를 끄덕였다.

아파트 생활을 많이 한다. 주로 가족들의 주거 공간이다. 그 집에 얼마나 많은 사람들이 찾아왔는지 생각해보라. 집까지 바래다 준 사람들에게 그냥 작별인사만 하는 요즘이다. 심지어 형제지간에도 왕래가 적단다. 차 한 잔 건네며 사는 모습을 보여줄 때 진정한 믿음이 생긴다.

유쾌한 마중

사람을 처음 만날 때 무엇을 볼까. 얼굴 모습을 먼저 볼 것이다. 그래서 첫 인상이 중요하다고 말한다. 정성스레 단장을 하는 것도 그 같은 이유에서다. 그러나 더 중요한 게 있다. 바로 친절이다. 몸에서 배어나온 그것은 감동을 배가시킨다.

고교 선배가 영전해 수도권으로 왔다. 한 번 찾아뵙겠다고 닷새 전쯤 미리 연락을 드렸다. 사흘 후 전화 한 통이 걸려 왔다. "○○○사무관입니다. 차량 번호와 차종을 알려주시면 안내해 드리겠습니다." 고맙다는 말과 함께 정보사항을 건넸다. 당일 사무실로 찾아가는 도중에도 확인 전화가 왔다. 시간을 맞춰 도착하자 그는 현관에서 기다리고 있었다. 주차 공간이 좁다보니 미리 장소를 확보해놓고 있었던 것. 어쨌든 기분이 좋았다.

내가 더욱 놀란 것은 점심식사를 하는 자리에서였다. 그는 사법시험을 통과한 뒤 행정직으로 들어왔다고 했다. 그럼에도 친절하고, 겸손하기 이를 데 없었다. 많은 사람들을 만나왔던 터라 한 마디 건넸다. "당신 같은 사람이 있어 세상이 아름답습니다."

청춘회

청춘은 젊다. 싱그러운 느낌이 든다. 많은 수필가도 이를 예찬
했다. '청춘예찬'이란 글도 있지 않은가. 청춘靑春은 새싹이 돋
는 봄철을 말한다. 또 젊은 나이를 얘기할 때도 쓴다. 이 단어
에선 새로운 힘이 느껴진다.

청춘회는 내가 가입한 카페의 이름이다. 개설일은 2003년 2월
22일이다. 청와대 출입을 마치기 사흘 전 만들었다. 당시만 해
도 카페라는 개념이 생소했다. 중앙언론사 출입기자 30명과
마지막 점심을 한 뒤 기자실로 와 논의를 한 게 단초다. 이제
흩어지면 만나기 어려우니 모임을 하자고 했다. 모두가 카페
를 만드는 데 동의했다. 카페지기는 막내의 몫. 이름도 즉석에
서 해결했다. '청춘회'로 의견을 모았다. 청와대 춘추관기자들이
머물던 곳에서 따 왔다. 30명은 가입의사를 즉시 밝혔다. 그 뒤로
무럭무럭 자라고 있다.

1년에 평균 3~4번은 모임을 한다. 참석률이 매우 높다. 매번
20여 명씩 얼굴을 내민다. 개성이 강한 기자들이지만 색깔을
드러내지 않는다. 그래서 시들지 않는 '청춘회'를 사랑한다.

아내와의 이별

사랑하는 사람과의 이별은 몹시 힘들다. 당사자들은 말할 나위가 없다. 보는 이도 측은지심이 든다. 특히 부부 사이의 사별은 끔찍하다. 한 사람의 빈 공간이 너무 크기 때문이다. 50여 년을 해로해도 그렇단다.

"오늘은 날씨가 몹시 춥다. 그러나 일기는 화창하다. 점심 먹고 아내와 같이 한강변을 드라이브했다. 요즘 아내와의 사이는 우리 결혼 이래 최상이다. 나는 아내를 사랑하고 존경한다. 아내 없이는 지금 내가 있기 어려웠지만 현재도 살기 힘들 것 같다. 둘이 건강하게 오래 살도록 매일 매일 하느님께 기도한다." 김대중 전 대통령이 올 1월 11일 쓴 일기다. 이희호 여사님에 대한 사랑이 구구절절하다. 그런 이 여사를 홀로 남겨두고 어떻게 떠나셨을까.

김 전 대통령과 이 여사는 평생을 부부이자 동지로 살았다. 세브란스병원으로 병문안을 갔을 때도 이 여사는 희망의 끈을 놓지 않았다. 남편이 반드시 일어날 것으로 기대했다. 그러나 DJ는 아내의 바람을 실현하지 못했다. 영결식을 마치고 집에 오자 아내가 반갑게 맞이했다. "인재 엄마, 우리 오래 살자."

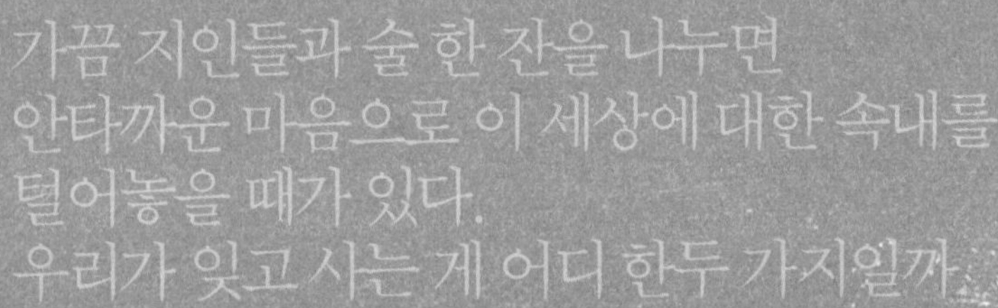

가끔 지인들과 술 한 잔을 나누면
안타까운 마음으로 이 세상에 대한 속내를
털어놓을 때가 있다.
우리가 잊고 사는 게 어디 한두 가지일까

本(근본)

세상 돌아가는 이치

위선

매우 가식적인 사람을 허풍선이라고 한다. 있지도 않은 말을 지어내는가 하면, 없으면서 있는 양 허풍을 떤다. 그런 사람들이 의외로 많다. 어릴 적 버릇이 여든 간다고 한다. 떠벌리기 좋아하는 이들은 어른이 돼서도 그대로다. 사정을 훤히 꿰고 있는데 거짓말을 한다. 표정도 변하지 않는다. 너무 진지해 속아 넘어가기 십상이다.

출향 인사들을 종종 본다. 20~30년만에 만나는 이들도 있다. 고향을 떠나 어떻게 살아왔는지가 주된 관심사다. 굶주리던 시절이어서 돈을 번 사람들이 자주 입에 오른다. 성공의 척도로 여겨지기도 한다. 대화 도중 수백억대 재산가가 튀어 나온다. "강남에 빌딩을 가진 A씨는 1000억이 넘는다더라. B씨도 300억~400억은 족히 된다더라." 최근 모임에서도 같은 얘기를 들었다.

그러나 부러움은 곧 실망으로 변했다. 돈을 벌었다고 떠벌리는 사람들이 고향을 위해선 그렇게 인색하단다. 수십만 원에 벌벌 떤다면 누가 믿겠는가. 위선이 판치는 요즘이다.

비극

어떻게 살아야 후회하지 않을까. 인생에 정답은 없다. 성실하게, 열심히 살면 된다. 또 말처럼 쉽지 않은 게 인생이다. 그래서 살 맛도 난다. 옛 어른들의 말은 틀리지 않다. "살면서 큰 병원 신세 안지고, 법원·검찰에 불려나가지 않으면 잘 사는 걸세." 건강하고, 죄를 짓지 말고 살라는 얘기일 터.

건강은 그렇다 치자. 태어날 때부터 약골과 강골이 있을 수 있다. 유전적 요소도 무시할 수 없다. 그러나 죄는 후천적이다. 처음부터 악인으로 태어나진 않는다. 성장하면서 범죄의 유혹을 받게 된다. 그것은 먼 데 있지 않고, 가까운 곳에서 싹튼다. "믿는 도끼에 발등 찍힌 격이랄까." 뒤늦게 후회한 들 이미 엎질러진 물이다.

2009년은 큰 사건이 많았다. 전직 대통령이 두 분이나 돌아가셨다. 연예인의 죽음도 모두의 눈시울을 붉혔다. 또 다른 사건이 이어질까 걱정이다. 시중에 흉흉한 얘기도 들린다. 말은 부풀려지기 마련이어서 혹에 혹을 더한다. 끝이 아름다워야 비극을 피할 수 있다. 신독愼獨을 좌우명으로 삼으면 어떨까.

믿음이란 아직 어두운 새벽에 노래하는 새와 같은 것이다. — 타고르

칭찬

인간은 만물의 영장이라고 한다. 다른 동물과 달리 말을 할 수 있기 때문이다. 문명의 진화도 그것에 기인한 바 크다. 말이 역사를 바꾼 경우도 적지 않다. 한 번 뱉으면 돌이킬 수 없기에 더욱 그렇다. 역사상 큰 전쟁도 말에서 비롯됐음을 알 수 있다.

"말 한 마디에 천냥 빚을 갚는다."라는 속담이 있다. 말이 그만큼 중요하다는 것의 방증이다. 어른들은 수없이 이를 강조하곤 했다. 그러나 실천하는 것은 말처럼 쉽지 않다. 아무리 머릿속에서 되뇌어도 무심코 실언을 한다. 그 때문에 상대방의 심기를 건드린다. 때론 우정에 금이 가기도 한다. 따라서 나이가 들수록 말조심을 해야 한다.

무슨 방법은 없을까. 좋은 말을 골라서 하면 된다. 상대방의 단점 대신 장점을 보라. 이를테면 칭찬을 하라는 뜻이다. 우리는 칭찬에 너무 인색하다. 남을 칭찬하면, 자기가 깎이는 줄로 안다. 그런 사람은 절대로 성공할 수 없다. 물론 고언도 필요하지만, 고언을 할 수 있는 사람은 칭찬도 잘하는 법이다. 만사가 그렇듯이….

매력적인 것을 보고 매력 있다고 말하기를 포기하는 것은 매력적이라고 생각하는 것도 포기하는 것이다. — 오스카 와일드

배신

살아가면서 가장 중요한 게 뭘까. 여러 가지 대답이 나올 듯하다. 돈, 건강, 사랑, 친구, 벼슬 등 모두 필요한 것들이다. 나는 그중에서도 신의를 강조하고 싶다. 신용과 의리를 지키라는 뜻이다. 문제는 실천이다. 쉬울 듯 하면서도 어렵다. 그것을 뒤집으면 배신이다. 요즘은 배신이 더 판치는 것 같다.

제일 믿었던 사람에게서 배신을 당했을 때의 참담함은 이루 말할 수 없다. 부부지간에는 이혼을 한다. 친구 간에도 결별을 하면서 영원히 보지 않는다. 그만큼 마음의 상처가 크기 때문이다. 배신도 한 순간이다. 나쁜 마음을 먹었을 때 생긴다. 선한 사람은 악행을 하지 않는 법. 따라서 배신도 생각할 수 없다.

지방에서 꽤 잘나가는 친구가 있다. 아주 똑똑하고 유능한 친구다. 그러나 얼굴 한 편에 그늘이 져 있다. 한동안 연유를 알 리 없었다. 얼마 전 지인이 궁금증을 풀어줬다. "몇 해 전 친한 친구에게서 배신을 당한 뒤 다른 사람을 모두 믿지 못해." 배신의 터널에서 빨리 빠져 나오길 빈다.

항심

인간의 마음은 갈대와 같다. 많은 시인들이 이를 비유했다. 이리저리 흔들릴 때가 많다는 얘기일 듯하다. "초심을 잃지 말라."는 얘기를 자주 듣는다. 초지일관初志一貫. 그렇게 다짐하곤 한다. 그러나 실천하는 게 쉽지 않다. 자신의 문제 뿐만 아니라 외부적 요인도 작용하기 때문이다.

여러 사람과 사귀며 사회활동을 한다. 친구도 여러 부류가 있다. 초·중고, 대학, 군대, 사회 친구 등등. 마음이 한결같은 사람은 아주 드물다. 돈을 많이 번 사람, 관직이 높은 이들은 뽐내고 싶어 한다. 겸손하면 더 좋을 텐데 하는 아쉬움이 남는다. "영원히 잘 나갈 수 없다."라는 초심을 잊은 까닭이다.

나는 항심恒心을 잃지 않으려 노력한다. "처음 만났을 때와 같이 변함없는 인재 아빠를 보면서 느끼는 감정은 항상 함께 하고픈 사람 중에 한 분이라는 것입니다. 집사람하고 늘 얘기 한답니다. 항상 가까이서 함께 할 수 있어 행복합니다." 고희를 앞둔 지인이 두어 달 전 보내온 메일의 내용이다. 과분한 평가에 감사할 뿐이다.

스승의 날

누구든지 가르침을 받으며 성장한다. 이 세상은 혼자서 살 수 없듯이, 인생 스승이 있다. 그 스승을 통해 인격을 완성하고, 자아를 실현해 간다. 석학에게도 스승이 있다. 학문과 지식의 대물림이 이어지는 것이다.

스승의 가장 큰 기쁨은 뭘까. 제자가 어떤 분야에서든 최고가 되는 것일 게다. 청출어람靑出於藍이라고 하지 않는가. 제자가 스승보다 나음을 일컫는 말이다. 그래도 스승은 말이 없다. 모두 제자가 잘난 까닭이라고 보는 터다. 아주 어리석은 사람이 잘난 체 한다. 벼가 익으면 고개를 숙이듯, 학식이 높은 사람도 겸손해야 존경받는다. 우리의 스승들은 그랬다. 그러나 스승을 몰라보는 이들이 적지 않다. 모두 자신이 잘나서 성공한 줄 안다. 스승을 섬기는 마음을 잊어서일까.

나도 교육자 집안이다. 30여 년 전 작고하신 아버님에 이어 형님이 대를 잇고 있다. 오늘 아침 형님께 전화를 드렸다. 학생들과 소풍을 가는 중이었다. "애들이 예전 같지 않아." 형님과의 짧은 대화였다. 스승을 존경하는 사람이 제자를 아낄 줄도 안다.

사람노릇

사람이 혼자 살 수는 없다. 여럿과 어울려 지내야 한다. 독신주의자도 있긴 하나 드물다. 거의 대부분은 단체생활을 한다. 학교, 군대, 직장이 대표적이다. 그곳에서 생활하며 사람이 되어간다는 얘기를 듣는다. 잘 적응하는 사람이 있는 반면, 따돌림 당하는 경우도 본다. 이의 척도는 사회성, 붙임성이다.

사람노릇 하는 게 쉽진 않다. 돈, 시간, 정성 등 3박자를 갖춰야 한다. 제대로 된 '노릇'을 하기 위해서다. 이 세 가지를 모두 지니기란 불가능하다. 그래서 사람노릇을 완벽하게 할 수 있는 사람은 없다고 본다. 그렇다면 어떻게 해야 할까. 할 수 있는 한 최선을 다하는 것이 해답이다.

돈이 중요한 것은 사실이다. 그것만 있으면 체면치레는 할 수 있다. 그러나 그것보다는 진정성을 들고 싶다. 시간을 쪼개 사람을 만나고, 정성을 쏟으라는 얘기다. 사람노릇 못한다고 탓만 해서는 안 된다. 방법이 많다는 점을 명심하자.

기쁨이 있는 곳에 사람과 사람 사이의 결합이 이루어진다. 사람과 사람 사이에 결합이 있는 곳에 또한 기쁨이 있다. — 괴테

내가 하면 선

살다 보면 선악을 많이 얘기한다. 매사를 선악 2분법으로 구분하는 이들도 있다. 그만큼 양극단을 걷기 때문이다. 종교 역시 선에 치우쳐 있다. 모든 종파를 망라해 착한 삶을 강조한다. 죄를 짓고, 삶에 찌든 사람들이 사찰이나 교회를 찾는 이유이기도 하다. 뉘우치면서 선을 추구하는 것이다.

그러나 다수의 사람들이 착각에 빠져 있다. 자신이 한 일은 선, 남이 한 일은 못마땅해 하는 경우가 적지 않다. 고위직으로 갈수록 그런 경향이 짙다. 특히 정치인들은 그 정도가 심하다. '내가 하면 로맨스요, 남이 하면 불륜'이라는 식으로 정의를 내린다. 그렇다고 존경받지 못하는데, 나쁜 습성을 버리지 못한다.

가끔 전직 고위관리들과 만난다. 재임 중 일화를 예로 들며 자랑들 한다. '내가 아니었다면 그 같은 결정을 하지 못했을 것'이라며 은근히 내세운다. 현직의 같은 자리에 있는 분에 대해 물어본다. 대부분 폄하한다. 차별화를 시도하기 위함이다. 타인을 배려하고, 인정하는 세상이 되어야 한다. 그게 바로 진정한 '선'이다.

대한민국 법관

대한민국에서 가장 두뇌가 좋은 집단은 어딜까. 법원이다. 사법연수원에서 뛰어난 성적을 거둔 사람만이 판사가 될 수 있기 때문이다. 예전에는 판·검사를 골고루 지원했으나 지금은 상황이 완전히 달라졌다. 성적 우수자는 거의 예외 없이 판사를 지망한다. 퇴임 후 변호사를 개업할 때 이점이 많은 것도 무시할 수 없다.

판사들의 성품은 어떨까. 물론 훌륭한 사람들이 많다. 그러나 시류에 영합하는 이들도 적지 않다는 지적이다. 판사들의 집단행동이 그렇다. 고도의 도덕성을 요구하는 그들이기에 사회적 관심도 배가된다. 판사회의를 곧잘 연다. 명분은 사법부의 재판독립이다. 그러나 국민들의 눈엔 곱게 비쳐지지 않는다. 법관은 판결문으로 말해야 옳다.

나는 여러 차례 사법파동을 현장에서 지켜봤다. 그때마다 소장판사들의 승리로 끝났다. 시대적 상황과 맞아 떨어졌기 때문이다. "법관은 헌법 및 법률, 양심에 따라 독립하여 재판한다." 헌법에 나와 있는 법관의 제일 덕목이다. 대한민국 법관들이여! 국민들에게 사랑받는 사법부를 만들어 달라.

수명

사람은 태어났다가 죽는다. 누구든 이를 피할 수 없다. 별 수를 다 써도 통하지 않는다. 인간에겐 자연 수명이 있다. 현대 의학의 발달과 함께 그것도 해마다 늘어나는 추세다. 언젠가 100세를 돌파할 듯싶다. 과연 오래 사는 것이 좋을까. 아프지 않고 장수한다면 마다할 사람이 없을 것이다.

죽음에도 여러 종류가 있다. 병사, 돌연사, 자연사, 자살 등. 가장 행복한 죽음은 뭘까. 살만큼 누리고 자다가 죽는다면 여한이 없을 게다. 모든 노인들의 희망사항이기도 하다. 돌연사도 아쉽긴 하지만 고통에서 해방될 수 있다. 노인보다 중·장년층에서 빈발하는 것이 문제다. 심장마비가 대표적이랄 수 있다.

최악은 자살이다. 스스로 목숨을 끊을 때의 번뇌를 무엇에 비유하랴. 그 심정은 아무도 모를 터. 노무현 전 대통령이 같은 방법을 선택해 충격을 주고 있다. 노 전 대통령이 서거하기 사흘 전에 만난 고시 동기생의 말이 불현듯 떠오른다. "노 대통령이 극단적 행동을 할 지도 몰라요." 현실이 되고 말았으니 할 말이 없다. 명복을 빈다.

바보

우리가 혼히 쓰는 말 중의 하나가 바보다. 못나고 어리석은 사람을 일컫는다. 남이 바보라고 하면 성을 버럭 낸다. 나 자신을 바보로 여기는 사람은 없기 때문이다. 그러면서도 바보라는 말을 입에 달고 산다. 무슨 일을 할 때 마음먹은 대로 되지 않으면 스스로를 바보에 비유한다. '바보같이'란 말 끝에 마음을 다잡는다.

바보에는 두 가지 종류가 있다. 앞뒤 못 재고, 물불 가리지 않는 사람은 바보가 맞다. 그들은 무모하기 이를 데 없다. 전혀 가능성이 없는데 고집하는 부류가 그렇다. 두 번째는 자신을 낮춰 부르는 것이다. 고 김수환 추기경과 노무현 전 대통령이 스스로를 바보라고 불렀다. 이들은 실제로 바보처럼 살다가 갔다. 그래서 국민들이 더 추앙하는 지도 모르겠다.

세종로와 서울광장 앞이 시끄럽다. 아침부터 장송곡이 울려 퍼진다. '바보 노무현'의 마지막 가는 길을 보기 위해 시민들이 모여들었다. 그들의 얼굴에는 슬픔이 가득하다. 노 전 대통령은 고향 봉하마을로 다시 내려가 영면한다. 바보여, 안녕!

幸과 不幸

인간이 마냥 행복할 수 있으면 얼마나 좋을까. 그것은 이상일 뿐이다. 정작 현실은 그렇지 못하다. 내적 요인보다 외적 요인이 크게 작용하기 때문이다. 그래서 '자의 반, 타의 반' 이라는 말을 종종 쓴다. 이는 그럴듯해 보여도 내적 불만의 표출이다. 幸과 不幸은 백지 한 장 차이다. 예고 없이 순간적으로 바뀌기도 한다. 나의 불행이 남의 행복으로 귀결되는 게 또한 그것이다. 은연 중 남의 불행을 기대하는 사람도 적지 않다. 자기 노력을 다하지 않고, 어부지리를 얻으려는 심산이 깔려 있는 게 아닐까. 이러한 조직과 사회는 건강하지 않다. 물론 발전도 기대하기 어렵다.

검찰은 인사 때마다 뒷말이 무성하다. 특정지역, 특정학교가 도마에 자주 오른다. 후배기수가 총장이 되면 선배기수는 모두 옷을 벗는다. 어제까지의 행복이 불행한 오늘이 되기도 한다. 검찰 고위 간부 출신 변호사를 만났다. "옷을 벗으면 큰일 나는 줄 알았어요. 그러나 지금은 마냥 행복합니다." 행운의 주인공은 바로 나 자신이다.

오해

살다 보면 별일이 다 있다. 사소한 일이 커질 수도 있다. 그래서 예의범절을 중시하는지도 모르겠다. 그중에서 겸손은 최고의 미덕이다. 자세를 낮출 줄 아는 사람은 절대로 실수하지 않는다. 실수는 자기 과시, 오만에서 비롯된다.

이 세상에서 완벽한 사람은 없다. 모두가 그렇게 되기를 추구한다. 그런데 말이 쉽지, 행동이 따라오지 않는다. 언행일치를 강조하는 것도 그 때문일 것이다. 누구든 말은 잘한다. 하지만 한 번 뱉은 말은 되돌릴 수 없다. 옛 어른들도 입조심을 하라고 누누이 당부했다. 주변에서 그로 말미암아 손해를 보는 이들을 적잖이 목격한다. 하지만 어찌하랴. 이미 엎질러진 물인데….

농담도 골라서 해야 한다. 상대방이 그것을 받을 준비가 안 된 상태에서 던지는 것은 금물이다. 자칫 좋은 사이를 갈라놓을 수도 있다. 가까운 관계일수록 조심해야 한다. 부부 사이도 마찬가지다. 넌지시 던진 한마디 때문에 결별하는 경우도 종종 본다. 오해를 살 만한 말은 하지도, 생각지도 않는 게 상책이다.

사랑

가을이다. 누군가가 그리워진다. 사랑하는 이를 떠올린다. 그러나 눈앞이 캄캄해진다. 정작 마음에 두고 있는 이가 없기 때문일 게다. 실망할 필요는 없다. 대부분의 사람이 같은 처지다. 사랑…. 말로는 쉽게 뱉을 수 있다. 진정한 사랑은 어떤 걸까. 수없이 의문을 던져 보지만 뾰족한 해답은 지금껏 듣지도, 보지도 못했다.

그렇다면 자신에게서 찾을 수밖에 없다. 우선 자기부터 사랑해야 한다. 그래야 남을 사랑할 수 있다. 정반대의 길로 가는 이들도 많이 본다. 자신을 학대하는 사람들이 적지 않다. 큰 병이다. 남을 사랑하려면 선한 마음을 가져야 한다. 가식적인 사랑은 위선이다. 오래가지도 못한다. 남녀 관계뿐만 아니라 모든 게 그렇다.

나는 사랑의 전제조건으로 효孝를 생각한다. 효심이 지극한 사람은 거짓이 없다. 남을 대할 때도 온갖 정성을 다한다. 그러려면 가정교육이 필수다. 가정은 사랑과 효의 산 도장이다. 화목한 가정에서는 사랑이 넘친다. 1년 내내 가정의 달로 하면 사랑도 움트지 않을까.

교우와 동문

우리나라는 지연과 학연을 중시한다. 모르는 사람끼리도 둘을 비교하다 보면 금세 친해진다. 먼저 말투가 엇비슷하면 고향을 묻는다. "고향이 어디 아닌가요." "예, 맞습니다." 대답이 떨어지자마자 손을 덥석 잡는다. 생면부지의 사람도 낯설지 않다. 좁은 땅덩어리의 한국에서만 가능한 일일 것이다.

여럿이 모인 자리서 동문同門 얘기가 나왔다. 모두 같은 학교 선·후배 사이다. 누군가 후배를 지칭하며 동문이니 잘 부탁한다고 덕담을 건넸다. 그러자 한 선배가 틀렸다고 말을 잘랐다. 모두들 영문을 몰라 그 선배를 바라봤다. 교우校友라고 해야 맞단다. 그러면서 일화를 소개했다. 그 대학 총장을 만난 자리서 동문이라고 했더니 교우라며 바로 정정해 주더란다.

내내 궁금해서 사전을 찾아보았다. 졸업생을 일컬을 땐 교우라는 표현이 적절했다. 그러나 동문이면 어떻고, 교우면 어떤가. 가끔 회자되는 학교이기에 씁쓸했다. 지금 우리 사회에서 가장 경계 대상은 '교우'와 '동문' 중 어떤 표현이 맞느냐가 아니라, '교우' 혹은 '동문'이란 말 뒤에 숨은 편 가르기이다. 작은 것부터 신경 쓸 때 사회통합이 이뤄지지 않을까.

병과 가정

병은 예고 없이 찾아온다. 현대의학이 발전했다지만 원인을 찾지 못하는 병이 있다. 환자는 고통 끝에 결국 숨을 거두고 만다. 그래서 '인명은 재천' 이라는 말이 있는지도 모르겠다. 무엇보다 병은 여러 사람의 인내심을 요구한다. 환자 본인은 물론 가족들의 고통 또한 이만저만이 아니다. 병이 가정에 침입하는 순간 도전이 될 수 있다. 건강한 가족이 파열음을 내기도 한다. 처음에는 동정심을 보인다. 사랑하는 사람의 고통에 대한 슬픔에서다. 하지만 긴 병에 효자 없다고 하지 않던가. 자기들의 자유가 제한받는다고 느낄 경우 화를 낼 수 있다. 오장육부를 가진 인간이기에 그렇다. "왜 이런 일이 나에게 일어나야 하는가."

가정에 중환자가 있을수록 참사랑이 필요하다. 먼저 오래 참고 친절해야 한다. 자신의 이익을 구하지 않고 믿음을 가져라. 가정에 우환이 없는 다른 이와 비교할 필요가 없다. 그래야 "이건 정말 불공평하다."는 생각도 지워진다. 가족 간의 친밀한 유대가 제일 중요하다. 진정한 배려와 애정이 생기기 때문이다.

전화위복

사람에겐 세 번 기회가 온다고 한다. 살맛나는 세상에 낙담하지 말라는 뜻일 게다. 그러나 대부분은 겁부터 먹는다. 그러다 보니 찾아온 기회도 잃는 경우가 많다. 복은 저절로 굴러 들어오지 않는 법. 위기를 기회로 만들 수 있는 지혜가 꼭 필요하다.

미국 토크쇼의 여왕 오프라 윈프리. 못생긴 흑인소녀에다 14살 때 미혼모가 된 전력이 있다. 그런 그녀가 오늘날 미국을 쥐락펴락한다. '20세기의 인물', '최고의 비즈니스 우먼' 등 극찬 일색이다. 비결은 의외로 간단하다. "과거에 얽매이지 않고 내가 지닌 장점을 찾아 최선을 다하는 것"이라고 소개한다. 피터 드러커는 "위기를 기회로 보는 것이 기업가적 천재성의 특징"이라고 분석했다.

전화위복轉禍爲福이란 고사성어가 있다. 실패를 성공으로, 불행을 행복으로 바꿀 수 있다는 말이다. 대학생 아들 녀석이 군입대를 앞두고 고민에 빠져 있다. 한편으론 측은한 마음도 든다. 잘 극복했으면 하는 바람이다. 아들에게 첫 번째 찾아온 기회이기에….

벗

벗 따라 강남 간다는 말이 있다. 친구가 그만큼 좋다는 뜻일 게다. 옛 어른들도 "벗을 잘 사귀어야 한다."고 수없이 타일렀다. 어릴 때 친구를 잘못 만나면 비뚤어지기 십상이다. 그래서 부모들은 자식들이 누구와 어울리는지 항상 노심초사한다.

좋은 벗, 나쁜 벗을 가리는 게 쉽지 않다. 좋고 나쁜 벗의 정의를 내리기도 어렵다. 한 지인이 '벗'에 관한 얘기를 전해왔다. 적절한 비유가 여럿 눈에 띄었다. "평생에 벗이 하나 있으면 많은 것이다. 둘이면 매우 많은 것이며, 셋은 거의 불가능하다." 헨리 브룩스 애덤스의 말이다. 진정한 벗은 매우 드물다는 뜻으로 해석된다. 자기의 모든 것을 던져야 하나 정도 건질 수 있다는 얘기일 터.

미국의 수필가 랠프 월도 에머슨은 더 재밌다. **"벗을 얻는 유일한 방법은 벗이 되는 것이다."** 화초처럼, 벗 관계도 꽃을 활짝 피우려면 물과 거름을 줄 필요가 있단다. 그렇게 하는 데 시간이 드는 것도 물론이다. 타인에 대한 배려 역시 꼭 필요하다. 베풂이 그 단초다.

우정은 은주전자와 같다. 오랫동안 잊혀지기도 하고 또 퇴색되기도 한다. 그러나 잘 닦으면 새것처럼 윤이 난다. — 털린

그녀와 그남

한국의 남아 선호사상은 유별나다. 요즘 세계 최저 출산율 국가답게 한 자녀 가정이 많다. 하지만 아들을 낳았을 때 더 축하를 받는다. 딸도 괜찮다고들 말은 한다. 특히 시부모가 섭섭해하는 것은 인지상정이다. 뿌리 깊은 그것 **남아선호** 때문일 게다.

여성의 사회진출은 점차 늘고 있다. 사법시험 등 각종 국가고시에서도 여성 합격자는 매년 증가한다. 초·중등 교원의 경우 숫자 면에서 여성이 남성을 앞지른 지 오래다. 그러나 공직사회를 들여다 보면 그렇지 못하다. 정부 부처의 경우 장관급은 전재희 보건복지 등 2명에 불과하다. 서울 자치구에 첫 여성 총무과장이 나왔다고 기사화되는 판국이다. 아직도 후진국형을 면치 못했다는 느낌이 든다.

왜 그럴까. 남존여비 **男尊女卑** 사상이 남아있는 탓이다. 우리 남자들은 은연중 즐거온 게 아닐까. 반성해볼 일이다. 이희호 여사의 자서전 '동행' 에서 한 구절을 발견했다. '그녀' 는 있는데 '그남' 은 없다는 것. 남녀평등을 다시금 생각하게 한다.

벼슬

한국 사람은 관직을 좋아한다. 예나 지금이나 변함이 없다. 그래서 공무원은 일등 신랑·신붓감으로 꼽힌다. 각종 고시 및 시험의 경쟁률만 봐도 그렇다. 수십 대 일은 기본이다. 올해 여성 순경 채용 경쟁률은 198대 1을 기록했다. '공시족'이 느는 이유일 게다.

벼슬에는 높낮이가 있다. 모두들 윗자리를 선호한다. 그만큼 권한과 함께 혜택이 많기 때문일 것이다. 그래서 온갖 수단과 방법을 동원해 승진하려 애쓴다. 인사권자도 고달프기는 마찬가지다. 여기저기서 들어오는 청탁을 물리치느라 묘안을 짜낸다. 인사 때 휴대전화를 받지 않는 것은 상식. 터무니없는 승진이나 보직을 요구하는 경우가 의외로 많단다.

그러나 벼슬도 한때다. 지나고 나면 모두 부질없는 일이라는 것을 깨닫게 된다. 정부 고위직을 지낸 분을 만났다. "쉰 살까지는 앞만 보고 뛰었습니다. 물론 요직을 두루 섭렵했지요. 이제 칠십을 바라보니까 부질없다는 생각뿐입니다." 자리에 연연하지 말라는 얘기였다. 그래도 그럴 만한 사람이 얼마나 될까.

편견

세상엔 별사람이 다 있다. 전혀 예기치 못한 봉변을 당하기도 한다. "그럴 사람이 아닌데…." 뒤늦게 후회한들 모양만 사납다. 주변의 충고를 뿌리치다 보니 모두 제 탓이다. 때문에 순진한 사람만 희생양이 된다. 그래도 선한 사람은 본성을 버리지 못한다. 성선설을 믿는 이유다.

반평생을 살면서 인생을 되돌아본다. 서운하게 한 일은 없는지, 자만하지 않았는지 반성한다. "하늘을 우러러 한 점 부끄럼이 없다."고 자신할 수 있겠는가. 말로는 "그렇다."고 할 수 있다. 범위를 좁혀 보고, 자신에게 유리한 해석을 하면 그 같은 추론이 가능하다. 그게 인생이다. 반성은 용기 있는 자의 몫이다. 용기는 아무나 가질 수 없다. 가슴이 충만해야 그럴 만한 여유가 생긴다.

종종 '편견'을 애기한다. 좋지 않은 의미로 많이 사용된다. 아주 없는, 가당치도 않은 말을 지어내기도 한다. 윗사람이 가장 경계할 대목은 편견이다. 많은 사람들이 "주의하라."고 하면 그대로 믿는다. 편견의 함정에서 벗어날 수 있는 사람이 진정한 지도자다.

자기 자신의 결점을 반성하는 사람은 남의 결점을 보고 있을 틈이 없다. — 탈무드

신언서판

세상엔 잘생긴 사람이 많다. 우리나라도 빠지지 않는다. 특히 한국 여성은 아름답다. 한류韓流의 발원 역시 그들이다. 일본, 중국 등에서는 우리 여배우들의 대형 입간판을 흔히 본다. 조상에게서 아름다운 몸을 물려받은 까닭이다.

당나라 때 관리가 되려면 네 가지 덕목이 필요했다. 신수, 말씨, 문필, 판단력을 봤다. 이를 신언서판身言書判이라고 한다. 그 같은 조건은 현재에도 통용되는 것 같다. 지난 봄 법조계의 고위관리와 만났다. 이런저런 얘기 끝에 인력충원 문제가 나왔다. 여성의 진출이 활발해지면서 위기의식(?)을 느끼는 부처이기에 궁금증을 더했다. 관리도 똑같이 "신언서판"이라고 답했다.

그러나 이처럼 완벽한 조건을 갖춘 사람이 있을까. 몸은 태생적이라 한계가 있을 수밖에 없지만, 나머지 세 가지는 노력 여하에 따라 얼마든지 키울 수 있다. 직장 구하기가 무척 어렵단다. 그렇다고 실망하지 말라. 자기 자신을 부단히 갈고 닦아야 한다. 무엇보다 판단력이 가장 중요할 듯싶다.

돈이 원수

"돈이 원수다." 툭하면 내뱉는 말이다. 정말 그럴까. 경제가 어려워지면서 돈을 원망하는 사람들이 늘어난다. 그것 때문에 스스로 목숨을 끊기도 한다. 안타까운 일이다. 원수는 원수로 갚으라고 했는데 여의치 않다. 돈 벌기가 쉽지 않은 까닭이다. 돈이 행복의 전부일까. 그렇지는 않다. 오히려 너무 많아서 형제끼리 싸우거나 외로워지는 경우도 흔히 본다. 이른바 재벌들을 보자. 우애 있다는 얘기를 듣기 어렵다. 부자, 형제간 소송도 불사한다. 대인기피증(?)에 걸린 재력가가 있다. 거의 방안에 틀어박혀 산다. 이유를 물어봤다. "두세 번만 만나면 돈을 빌려 달라고 합니다. 이제는 사람이 무섭습니다." 그래서 친구도 없단다. 돈이 정상적인 생활을 앗아간 원흉인 셈이다. 원수를 사랑하라고 했다. 돈을 사랑하는 방법은 뭘까. 값지게 쓰는 것이다. 척박한 기부문화의 풍토를 바꾸는 것도 그중의 하나다. 돈을 빌려줄 때는 준다고 생각하라. 그러면 원수질 일도 없다. 무소유의 이치를 잊은 듯싶다.

자수성가

맨손으로 큰 뜻을 이룬 사람들은 늘 존경의 대상이다. 무無에서 유有를 창출해서 그렇다. 흔히 자수성가했다고들 한다. 그러나 그들의 성공 뒤안에는 피·땀·눈물이 배어있다. 대가를 치르지 않고 어떠한 결과도 도출해낼 수 없다. 그것이 세상의 이치다. 그래서 이들의 지난날을 듣노라면 어느새 콧잔등이 시큰해진다.

공기업 임원 A씨는 매사에 자신만만했다. 추진력이 대단한 데다 언변도 좋다. 기자는 그의 학력이 상당할 것으로 판단했다. 서울에서 유명 대학을 나왔거니 했다. 다른 공기업 임원 B씨도 기자와 생각이 같았단다. 그러나 정규 최종 학력은 초등학교였다. 말을 듣는 순간 뒤통수를 한 대 맞는 느낌이었다. 학구열도 남 못지않았다. S대 최고경영자 과정도 3전4기 끝에 수료했다고 들었다. 보통 사람 같으면 한두 번 도전하다가 물러설 판이다. 그는 끝까지 물고 늘어지는 오기와 집념으로 오늘을 일군 셈이다.

인간의 능력은 무한대다. 노력 여하에 따라 얼마든지 기회를 잡을 수 있다. 때문인지 A씨에게 정이 더 간다. 그에게서 풍기는 희망 때문이리라. 신념을 잃지 말자.

효심

부모님에 대한 공경은 우리나라가 첫째이리라. 예로부터 효孝를 집안의 가장 큰 덕목으로 삼은 데서도 알 수 있다. 효심이 지극한 사람은 효자孝子, 효부孝婦로 칭송받았다. 양반 고향에 가면 그들을 기리는 기념비가 적지 않다. 대대손손 본받으라는 뜻일 게다. 그러나 지금은 어떤가. 부모님을 봉양하는 자식을 찾아보기 어려울 정도다. 그래서 잘 해드리든, 못 해드리든 부모님을 모시고 있으면 효심이 지극하다는 얘기를 듣는다.

귀감을 살 만한 몇몇 지인들이 있다. 다들 말이도 아니다. 그런데도 부모님을 지극정성으로 돌보고 있다. 한 선배는 치매를 앓고 있는 어머니를 10여 년간 하루도 빠지지 않고 손수 씻겨 드렸다고 한다. 그러다 보니 동료들과 어울리는 시간은 적을 수밖에 없어 오해를 사기도 했다. 그 어머니가 돌아가신 뒤에야 사모곡이 알려졌다. 그가 검찰 최고위직을 지낸 것도 '효심' 때문이라고 보는 이들이 많다.

고려시대 문인 홍자번洪子藩은 젖먹이 나이에 여읜 어머님 산소에서 탄식했다. 부모님이 살아계신 것만으로도 즐거워해야 한다. 다가오는 한식에는 조상묘를 찾아 효를 되새김질하자.

여이무극

정권이 바뀔 때나 인사철이면 곧잘 인사장을 받는다. 그동안 베풀어준 후의에 감사드린다는 게 대부분이다. 물러나는 기관장이 쓰겠지만, 대필한 느낌도 종종 받는다. 기자생활을 오래 하다 보니 직감적으로 느낀다. 직접 쓰면서 고심한 글에는 감동이 있다. 체취가 묻어나기 때문이다.

한 기관장에게서 편지를 받았다. 이임인사차 보낸 것이다. 으레 그러려니 하면서 펼쳐 보았다. 그러던 중 한 글귀가 확 눈에 띄었다. '여이무극與而無極', '이제 영원히 함께 한다' 는 뜻이다. 30여 년간 공직생활을 해온 그이기에 친근감이 더해졌다. "관운이 좋아 1급 보직을 여섯 자리나 하고 차관과 청장을 했다."고 고마워했다. 그만하면 행운아 아니겠는가.

장·차관을 지낸 분들을 종종 본다. 본인들은 어깨에서 힘을 뺐다고 하지만 여전히 힘이 들어가 있다. 관존민비官尊民卑의 그것이다. "여보 당신 아직도 멀었어." 힘깨나 쓰던 공직자 부인이 남편을 바라보면서 안타까워하던 말이 지금도 생생하다.

리더십

21세기 들어 가장 많이 쓰는 용어 가운데 하나가 리더십이다. 서점에도 수십 수백 종의 관련서적이 진열돼 있다. 번역서는 물론 국내 저자들이 쓴 책도 다양하다. 이중 더러는 베스트셀러 반열에 오르기도 한다. 이는 리더십이 현대인과 떼려야 뗄 수 없다는 증좌다. 그 이유는 무엇일까. 성공으로 가는 지름길이기 때문이라고 본다. 이에 목말라하는 것도 동서양이나 똑같다.

리더십을 발휘해 성공한 사람은 손꼽을 수 없을 정도다. 국내 내로라하는 기업의 장수 CEO 역시 그런 축에 든다. 그들의 장점을 보면 거의 일치한다. 용인술用人術이 뛰어나다는 점이다. "나는 당신을 믿습니다. 당신은 할 수 있습니다." 이들이 자주 쓰는 말이다. 상대방에 대한 믿음을 심어줌으로써 내 사람을 만드는 것이다. 상대방인 나 자신도 미처 모르는 나를 볼 수 있게 된다. 이것이야말로 영향력과 지속성을 갖는 리더십의 본질이다.

입·개학 시즌과 함께 회장·부회장 선거가 대부분 끝났다. 수시전형이 늘면서 학내 감투를 쓰려고 난리인 모양이다. 리더십을 쌓는 데는 더할 나위가 없다. 그래서 잡음도 들린다. 공정한 게임 역시 리더십의 덕목이다.

경로우대

老弱病殘孕專用席. 지하철을 타본 사람이면 흔히 보는 문구다. 한자가 어려운 탓에 제대로 읽기_{노약병잔잉전용석}는 쉽지 않을 듯하다. 그래도 맨 앞의 노老자를 보고 노인전용석 쯤으로 생각하지 않을까. 전체를 뜻풀이하면 노인, 어린이, 환자, 장애인, 임산부용 자리다. '장애인 · 노약자 보호석' 이라는 한글 표지도 있지만 눈에 덜 띈다.

이 전용석 때문에 종종 소동이 벌어지곤 한다. 꼴불견도 많이 보게 된다. 그중의 으뜸은 눈감고 자는 체하는 젊은이. 독수리처럼 잽싸게 자리를 차지한 다음 내릴 때까지 아예 눈을 감고 있다. 승객들의 이목을 피하기 위해서이리라. 또 처음부터 신문이나 책에서 눈을 떼지 않은 부류도 볼썽사납기는 마찬가지. 시선을 마주치지 않으려는 심산을 엿볼 수 있다. 이들을 점잖게 훈계하는 노인에게 오히려 싸움을 거는 층이 있으니 개탄스럽다. 말리는 사람도 별로 없는 게 오늘날의 세태다.

우리나라는 예로부터 동방예의지국東方禮儀之國이라고 했다. 특히 경로敬老 사상은 타의 추종을 불허했다. 사람은 모두 늙는다. 그것이 자연의 섭리다. 젊다고 노인을 홀대하면 안 된다. '경로우대'를 가까운 곳에서 찾자.

어떤 기도

간절한 바람이 이뤄졌을 때 그 기쁨은 형언조차 하기 어렵다. 더욱이 만성질병에서 해방되면 무엇에 비하랴. 병을 고칠 수만 있다면 어떤 일인들 못하랴 싶은 게 인간이다. 그러나 병은 늘 우리들 곁에 있다. 살다 보면 언젠가는 병에 걸리게 마련이다. 불치병, 죽음에 이르는 병이라면 문제가 심각해진다. 당사자는 물론이려니와 집안 전체가 초비상에 걸리게 된다. 언제, 어떤 일이 생길지 모르기 때문이다.

이 경우 제일 먼저 하는 게 기도다. 신앙인이 아니라도 기도를 하게 된다. "제발 낫게 해 달라."고 매달린다. 누구를 향한 외침도 아니다. 오로지 병마와 싸워 이기기 위해 절규하는 것이다. 저명한 신경정신과 의사인 K씨는 이를 '어린이 기도'와 '어른 기도'로 분류했다. 낫게 해달라고만 하면 어린이 기도라고 했다. 하늘의 뜻이 무엇인지를 물어보는 것이 어른 기도라고 정의했다. 병에 걸려 고통을 당하든, 회복되든, 죽음에 이르든, 그것은 모두 하늘의 뜻이라는 설명이다.

하늘의 뜻이라 해도 죽음은 모두에게 두려운 존재다. 주위에 불치병에 걸린 이들이 적지 않다. 아픈 이들이 쾌유될 수 있다면 어떤 기도든 해주고 싶다.

절망은 죽음에 이르는 병이다.　　— 키에르케고르

위대한 날

퇴역예정인 A대령은 다소 별난 사람이다. 국방부의 시계바늘은 멈추지 않는다고 하지 않는가. 성대한(?) 전역식은 통과의례다. 그럼에도 그는 달랐다. 마지막까지 부하들에게 강도 높은 교육과 훈련을 실시했다. 다수 선임자의 관행인 나태, 무관심과는 거리가 멀었다.

궁금증에 까닭을 물었다. 한참을 침묵하던 그는 경험담을 들려주었다. 얼마 전 아버지가 돌아가시기 직전 어머니와 자신을 불렀다고 한다. 아버지는 아주 힘겹게 혀를 굴렸다. "아들아, 너는 나처럼 살지 말거라. 나는 네게도 네 어머니에게도 잘해 주지 못했고, 세상에 남긴 것도 없다. 아들아, 너는 나처럼 살지 않겠다고 약속해다오." 그가 이 세상에서 아버지로부터 들은 마지막 말이었다. 대령은 이를 가장 큰 선물이자 유산으로 생각하고 그 자리서 마음가짐을 바꿨다고 한다. 스티븐 코비의 최근 저서 《성공하는 사람들의 8번째 습관》에 나오는 한 대목이다.

그렇다. 의미 있는 삶은 멀리 있는 것 같지 않다. 실천 가능한 것부터 행동으로 옮기면 된다. 우리도 가정에서, 직장에서, 지역사회에서 평범한 삶을 넘어 위대한 삶을 선택할 수 있다. 결코 늦지 않았다. 이제부터라도 자기 내면의 소리를 찾아 위대한 날을 만들자.

내공

주변에서 내공 얘기를 많이 한다. 사람을 평할 때 특히 그렇다. 좋은 뜻이든, 나쁜 의미든 입에 자주 올린다. "내공이 대단한데." "내공이 한 수 위다." "내공 좀 쌓아라." "내공이 그렇게 없어서야…" 등등. 무엇을 내공이라 할까. 대다수는 정확한 의미조차 모르면서 쓰는 것 같다. 속내內자를 떠올리며 마음心과의 연관성을 유추할 법하다.

기자 역시 그랬다. 그래서 국어대사전을 찾아 봤다. 딱 맞는 설명이 없다. 한자어론 '내공內功'이 가까울 듯했다. 그런데 사전에는 무슨 영문인지 올라 있지 않다. 중국 무협지가 떠올라 자료를 뒤졌다. '정精, 기氣, 신神을 단련하는 것을 내공이라 한다.'는 대목을 발견했다. 여기서 정은 음식 등으로 섭취한 에너지원, 기는 몸 안의 에너지, 신은 정신마음을 뜻한다는 것. 다시 말해 기를 수련하고 사용하는 방법, 곧 무술적 기공이란 뜻으로 내공을 흔히 썼다.

이제 내공을 쌓지 않으면 살기 힘들어지게 됐다. 정이 메마르다 보니 귀에 거슬리는 얘기도 종종 듣게 된다. 그렇다고 점잖은 체면에 벌컥 화를 낼 수도 없지 않은가. 스스로 해결책을 찾아야 한다. 일희일비할 필요도 없다. 그 시간 내공을 더 쌓자.

먼 훗날

남에게 평가받는 것은 결코 쉽지 않다. 세상사가 그렇듯이 늘 1인치는 부족한 느낌이 들게 마련이다. 2~3년 전 하늘 높은 줄 모르고 치솟았던 황우석 신화도 하루아침에 무너졌다. 그와 유독 가까웠던 인사들 역시 이제는 나몰라 한다. 나아가 태도를 180도 바꿔 어제의 우상을 비방하는 데 앞장서는 모습을 보게 된다. 난세亂世를 살아가는 처세술이 아닌가 싶어 씁쓸하다.

택시를 타면 세평을 많이 듣는다. 정치의 계절로 접어든 때문인지 정치인들이 부쩍 회자된다. 특히 운전기사들은 평론가들을 뺨칠 정도여서 얘기가 끝이 없다. 집권 여당이 된 한나라당을 보면 답답하다. 매일 집안싸움만 하는 것 같다. 다수 의석을 차지하고 있음에도 인기는 바닥을 기는 인상이다. "그래도 아무개가 있잖아."라는 희망가를 이제는 들을 수 없다. 그러니 당사자들은 얼마나 초조하겠는가.

"나도 한 번 '그래도 아무개가 있잖아' 라는 세평을 위해 도전하기로 하자. 진심으로 대중의 박수나 비난에 좌우되지 않은 허심虛心한 예술의 경지로 항해해 나가자. 먼 훗날 '아무개가 꽤나 노력을 하다 갔어' 라는 정도만 듣는다 해도 행복한 일이라고…." 화가인 서울대 김병종 교수의 다짐이 새삼 의미 있게 느껴지는 요즘이다.

일확천금

1930년대 강원도 산골 마을. 응칠은 전과 4범으로 만무방이다. 그는 가난에서 벗어나기 위해 도박과 절도로 일확천금一攫千金을 꿈꾼다. 성팔, 기호, 용구도 그랬다. 반면 아우 응오는 모범적인 소작농. 응칠은 동생네 벼가 없어지자 도둑을 잡겠다고 나선다. 그러나 벼도둑을 잡고 보니 응오인 것을 알고 우두망찰한다. 동생처럼 성실한 농민도 지주의 벼를 훔쳐야만 살 수 있었던 것이다. 김유정은 '만무방'을 통해 식민지 농촌 사회의 피폐상을 이처럼 고발했다.

지금도 일확천금을 꿈꾸는 사람들이 많은 것 같다. 먹고 살기 힘들어질수록 요행僥倖을 바라게 된다. 대박 신드롬 역시 그렇다. '한탕주의'도 마찬가지다. 신용불량자처럼 어려운 처지에 있다면 특히 현혹되기 쉬울 것이다. 하지만 세상은 그리 호락호락하지 않다. 옛날에도 그랬지만 디지털 시대에 '한탕'이 통하겠는가. 주위에 허황된 꿈을 좇는 사람이 여럿 있다. 안 되는 일만 골라 하니 안타까운 마음뿐이다.

그렇다고 소탐대실小貪大失해서는 안 될 것이다. 에둘러 가는 것도 그렇다. 자기 분수에 맞게 사는 것이 가장 현명한 방법이다.

게으름

사람에게는 누구나 편히 쉬고 싶은 마음이 있다. 게으름도 그 가운데 하나다. 생활 자체를 제로 베이스에서 시작해본다. 뭔가 보고 듣는 것을 줄인다. 신문도 건성으로 뒤적거린다. TV를 켜놓고 보는 둥 마는 둥 한다. 책 읽기도 마찬가지다. 전화벨 역시 무시해버린다. 조금 하지 않는 것만으로도 편할 수가 있다. 여유마저 느껴진다. 그러나 게으름의 안락함은 순간이다.

부지런한 사람은 절대로 게으름을 피우지 못한다. 게으름은 악惡이고, 부지런함은 선善으로 구분해서일까. 바빠야 세상사는 재미를 느끼고 생활에 활력이 샘솟기 때문이다. 게으름은 잘 쉬었다 하는 느낌만 줄 정도로 피워야 한다. 주위의 돈 번 사람과 성공한 사람들을 둘러보자. 그 비결은 멀리 있지 않다. 이들은 남보다 열 배, 백 배 열심히 발품을 판다. 잠을 덜 자고 부지런히 뛴 결과다.

부지런한 사람에게 복과 기회가 먼저 온다. 나간 놈의 몫은 있어도 자는 놈의 몫은 없다고 하지 않는가. 부지런히 움직여야만 무언가 손에 쥘 수 있다. 행복을 만들어가는 삶은 게으름의 반대편에 있다.

기수파괴

고시는 우리나라 관료사회의 중요한 근간을 이룬다. 고등고시 사법·행정를 비롯한 사시, 행시, 외시 등은 수십 대 일, 수백 대 일의 경쟁을 뚫고 시험에 합격하는 순간 신분의 수직 상승과 함께 출세도 보장받곤 했다. 그렇다 보니 그 인기는 식을 줄 모른다. 요즘도 성업 중인 고시촌·고시원이 이를 대변하고 있다.

고시의 특징은 기수期數를 중시한다는 것이다. 기수는 곧 서열을 의미한다. 특히 법원과 검찰은 다른 조직보다 기수를 중히 여긴다. 후배 기수가 상급자의 자리에 오를 경우 선배들은 줄줄이 옷을 벗었다. 용퇴勇退는 미덕이었다. 그러나 몇 해 전부터 검찰에서 기수파괴 현상이 일어나자 양상은 사뭇 달라졌다. 선·후배, 동료 간의 연대감이 사라진 지 오래다. 강금실 전 법무장관사시 23회의 기용은 기수파괴의 정점이었다. 당시 검찰총장보다 10기 이상 차이 났으니….

법원도 기수파괴로 홍역을 치렀다. 대법원이 사시 20회인 김영란 대전고법부장판사를 새 대법관 후보로 제청해 그 자리에 앉혔다. 그의 선배 기수는 70여 명이나 된다. 시대가 바뀐 만큼 기수문화를 그리워해선 안 될 듯하다.

감싸기

일본 미쓰비시 자동차가 결함을 감춰 문을 닫아야 할 판이라고 한다. 자동차는 생명을 나르는 도구다. 그런데도 지난 1986년부터 결함 사실을 숨겼다고 하니 자업자득이다. 반면 LG전자는 달랐다. 전기밥솥이 폭발하자 대대적인 알림을 통해 회수에 나섰다. 브랜드는 상처 입었더라도 소비자의 신뢰는 상승했을 법하다.

AP통신은 몇 해 전 고故 김선일 씨가 이라크에 있는지 확인해 줄 것을 요청했다. 이에 한 외교부 사무관은 전화를 받은 기억이 있다고 했다. 다른 사무관은 전화를 받은 것 같다고 했다. 이라크가 어떤 상황인지 삼척동자도 알고 있는데 이들은 그냥 넘겨 버렸다. 너무 무디고 감각이 없다. 당연히 여기저기 확인했어야 했다. 자체 조사가 그렇다 보니 내 식구 감싸기라는 비난이 쏟아져도 당시 외교부는 꿀 먹은 벙어리였다.

감싸기는 나쁜 점이 더 많다. 개인적인 흠이나 인간적인 약점 같은 것은 감싸는 게 좋다. 감싼다고 진실이 숨겨지지는 않는다. 거짓은 반복성이 있다. 한 번 거짓은 둘 셋으로 이어진다. 보고누락은 안 될 일이다. 감싸주는 상사도 진배없다.

인복의 비결

사람은 누구든지 혼자 살 수는 없다. 그래서 사회 구성원으로 역할을 하며 삶을 누린다. 인간끼리는 관계를 맺어야 한다. 좋든, 싫든 매일 마주치면서 살아간다.

어떤 이는 지지리 복이 없다고 푸념한다. 그러나 인복은 그냥 굴러 들어오지 않는다. 남의 탓이 아니라 자기가 하기 나름이다. 거기에도 비결이 있다. 우선 사람을 잘 사귀어야 한다. 이는 자기 희생이 뒷받침돼야 하는 법. 이기심을 버리지 않고서는 불가능하다. 남을 배려하는 마음도 필수적이다. 항상 사람을 진지하고 정직하게 대하는 자세를 갖춰라. 그러면 타인도 마음의 문을 연다.

"당신에게는 다른 사람이 당신을 도와주도록 만드는 힘이 있어요. 당신을 도와주지 않으면 안 될 것 같은 생각이 들게 하거든요." 최근 한 재미사업가가 쓴 책을 읽었다. 그 역시 인복에 감사했다. 주변 사람의 도움이 없었다면 오늘날 자신의 존재는 없었을 것이라고 회상한다. 인생 교훈은 가까운 곳에 있다. 그것을 찾으려고 노력하는 사람만이 인복을 얻을 수 있다.

오늘의 의미

흔히 인생을 얘기할 때 과거, 현재, 미래를 읊는다. 이 가운데 무엇이 가장 중요할까. 미래를 말하는 이가 많을 게다. 지금보다 앞날이 중요할 터. 왕년往年을 떠드는 사람들은 발전이 없기 때문이다. 그래서 미래 예찬론자들이 많은 듯하다.

앞으로의 일들을 생각하면 희망을 가질 수 있다. 미래의 청사진이라는 말들도 많이 한다. 지금까지 귀가 따갑도록 들어온 바다. 그러나 나는 생각을 달리한다. 오늘에 더 비중을 둔다. 물론 과거는 기억에서 지워 버린다. 내일도 생각하지 않는다. 그러다 보니 속없는 사람이라는 얘기를 곧잘 듣는다. 아내 역시 예외가 아니다. "자기는 정말 대책 없는 사람이야. 아무런 계획도 없으니…." 그래도 이제껏 생활을 고수한다.

오늘을 중시하는 이유는 딱 한 가지다. 내일을 걱정하지 않으니까 여유가 생긴다. 자유롭다. 욕심도 사라진다. 그것이 지나치면 화禍가 되기에 일찌감치 버렸다. 최근 많은 이들과 '오늘'을 얘기했다. 공감하는 이가 드물다. 그래도 믿음은 있다. 오늘 최선을 다하면 내일이 있기에….

소소한 일상의 희노애락을
감정의 크기만큼 표현해온 것은 아니다.
대신 속으로는 울고 웃었다.
이것 역시 남자로 자란 탓일까.

覺(지혜)

살면서 얻게 된
작은 깨달음

지하철 단상

출퇴근 시 주로 지하철을 이용한다. 여러 가지 장점이 있다. 첫째는 시간단축이다. 승용차에 비해 절반 가까이 시간을 아낄 수 있다. 요즘은 시간이 돈이라고 하지 않는가. 하루의 일과도 정리할 수 있다. 사무실 의자에 앉기 전 생각을 가다듬을 수 있다는 얘기다. 그렇기에 여유가 생긴다. 허둥댈 필요가 없다.

나는 군상群像의 표정을 읽을 수 있어 지하철을 더욱 좋아한다. 그곳에서는 보통 사람의 삶이 읽혀진다. 지위의 높고 낮음도 없다. 이마에 계급장을 달고 다니지 않는 한 상대방의 신분을 모른다. 그러나 표정을 보면 대충 알 수 있다. 얼굴이 많은 것을 내포하고 있는 까닭이다. 관상술이 발달하는 것도 이런 연유일 게다.

뜻밖의 만남을 갖는 경우 또한 적지 않다. 지하철을 이용하리라 상상하지 못했던 이들도 본다. 얼마 전 퇴근길에 장·차관급 등 요직을 지낸 인사 두 분을 만났다. 손가방을 든 모습이 교수처럼 비쳐진다. 기자를 보고 먼저 놀랜다. 그러면서 하는 말 "지하철이 편리하네요."

마음의 여유

세상이 각박하다. 서로 헐뜯고 못 잡아먹어서 난리다. 그래야 자기가 살기 때문이다. 칭찬은 들어보기 힘들다. 둘만 모이면 험담을 한다. 남의 허물만 보이는 것이다. 누구도 완벽한 사람은 없다. 따라서 입조심을 하는 게 도리다. 그런데 사람들은 그것을 쉽게 잊어버린다.

월급쟁이의 최대 관심사는 인사다. 그로 인해 웃기도, 울기도 한다. 좌천인사를 당할 경우 쥐구멍이라도 찾고 싶은 게 인간의 심리다. 그렇다고 해결될 일이 아닌데 의기소침해 한다. 스스로 학대하는 이들도 본다. 아주 못난 사람들이다. 그럴수록 더 씩씩하고, 최선을 다해야 한다. 그래야만 위기를 기회로 만들 수 있다.

나에게도 시련의 기회가 있었다. 그런데 지인의 편지를 받았다. "항상 적극적, 긍정적 사고와 낙천적인 성품은 인생을 살아가는 데 너무나 중요하지 않아요? 그걸 소유하고 계시니 천하를 소유하고도 전전긍긍하는 정복자보다도 낫습니다." 지인의 마음이 고마웠다. 이제는 아무것도 두렵지 않다. 마음의 여유를 찾은 뒤로….

행복한 사람이 되기 위해서는 평범 속에서 로맨스를 찾는 맑은 정신과 눈을, 어린이의 마음을, 단순한 정신을 갖는 것이 중요하다.   – 필

두통

현대인은 각종 질병을 앓고 있다. 옛날에 몰랐던 병도 허다하다. 의술의 비약적 발전에 힘입은 바 크다. 희귀병의 원인과 치료법도 소개되고 있다. 조기에 발견하면 거의 완치가 가능하다고 한다. 아무튼 좋은 시대에 살고 있는 것만큼은 틀림없다. 때문인지 평균 수명도 매년 늘어나고 있는 추세다.

그런데 원인을 잘 모르는 병이 있다. 두통이다. 평생 두통을 겪어보지 않은 사람은 없을 게다. 그만큼 흔한 병이기도 하다. 무엇보다 이 병은 삶의 질을 떨어뜨린다. 만성 두통 환자의 경우 이루 말할 수 없는 고통을 겪는다. 이곳 저곳 병원 문을 두드려 봐도 소용이 없다. 지푸라기라도 잡고 싶은 심정으로 병원을 찾곤 한다. 그러나 "별 이상이 없네요."라는 답을 듣기 일쑤다. 이상이 없으면 좋아해야 할 텐데, 당사자들은 그렇지 못하다. 또다시 실망에 젖는다.

나도 두통으로 몇 년째 고생하고 있다. 명의도 여러 명 소개받았지만, 효과를 보지 못했다. 그래서 터득한 게 하나 있다. "두통을 친구처럼 함께 지내자."

골프와 등산

쉬는 날이 늘어나면서 생활 모습도 크게 변했다. 우선 토·일 요일을 거푸 쉬다보니 레저 활동이 늘었다. 이틀 동안 집에 틀어 박혀 있는 사람은 드물다. 적어도 하루쯤은 나들이를 한다. 온 가족과 함께 할 수 있는 것은 드라이브다. 차를 몰고 나가 적당한 곳에서 쉬고, 한 끼를 해결하면 된다. 드라이브 족이 많은 이유일 게다.

다음은 등산쯤 될 듯싶다. 가장 적은 비용으로 만족도를 높일 수 있어서다. 건강에도 최고다. 명의들 역시 등산을 제일 많이 권유한다. 산은 한 번 오르는 것이 어렵지, 그 다음부터는 관성이 생긴다. 휴일에 무조건 배낭을 짊어지고 산에 오르는 이들이 대표적이다.

골프 또한 좋은 운동이다. 최소 4~5시간은 걸으면서 신선한 공기를 마실 수 있다. 돈이 많이 드는 게 단점이다. 자기 혼자만의 능력으로도 안 된다. 동반자가 있어야 하기 때문이다. 그래서 골프 마니아도 결국 산을 찾게 된단다. "1~2만원이면 만사 OK입니다." 골프광에서 등산 애호가가 된 기업인의 얘기다. 산 타는 연습을 미리 해두자.

사돈

멀고도 가까운 게 사돈이다. 격식을 차리자면 한없이 어려운 사이이기도 하다. 그래서 약혼식과 결혼식 날 1~2번 보고 평생 대면하지 않는 경우도 있다고 한다. 이쯤 되면 남보다 나을 게 없다. 왜 그럴까. 서로 속내를 감추기 때문이다. 있는 그대로 보여주면 될 텐데 그것을 꺼려한다.

요즘 청첩장을 자주 받는다. 아들 결혼식을 치른 선배와 만났다. 사돈 얘기가 나왔다. 그 선배도 대학 동문의 딸을 며느리로 맞았다. "동문끼리 사돈이 됐으니, 아주 친하게 지낼 수 있겠네요." 궁금해서 물었다. 의외의 대답이 돌아왔다. "모르는 소리 하지마. 사돈은 사돈이야." 왠지 어렵다는 얘기였다. 고개를 갸웃할 수밖에 없었다.

나도 아들 녀석이 1명 있다. 언젠가는 며느리를 보게 될 터. "저는 사돈과 친구처럼 잘 지내려고 하는데요. 운동도 같이 하고, 술도 함께 마시고." 이 같은 나의 말에 선배가 제지하고 나섰다. "자신은 하지 마. 실망이 클 거야." 자식이 기껏해야 하나 둘인 세상에 그런 말을 들으니 씁쓸하다.

화환

슬플 때나 기쁠 때 찾는 것이 있다. 바로 꽃이다. 상갓집에는 조화, 결혼식 등에는 화환을 보낸다. 꽃은 감성을 자극하는 데 안성맞춤이다. 눈물샘을 자극하기도 하고, 희열을 만끽하게 하는 무엇이 있다. 출세의 척도로 여기는 이도 적지 않다. 실제로 고관대작의 애경사에는 수십 수백 개의 화환이 보이곤 한다. 너무 많이 와 리본만 걸어두는 경우도 흔히 본다. 그러다 보니 그들끼리도 차별대우를 받는다.

자리를 이곳저곳 옮겨 다니면서 난을 많이 받았다. 먼저 있던 자리에서는 70여 개 넘게 왔다. 받는 이의 고마움이야 그렇다 치자. 함께 일하는 직원들이 더 흐뭇해했다. 덩달아 신이 나는 모습이었다. 그래서 들어온 난을 모든 직원들에게 나눠주었다.

이번에 또다시 자리를 옮겼다. 행여 폐를 끼칠까봐 지인들에게조차 연락을 하지 않았다. 그럼에도 몇몇 분은 용케도 난을 보내왔다. 감사함에 앞서 미안할 따름이다. 대신 정성스레 난을 돌볼 생각이다.

야박한 세태

살다 보면 나쁜 일을 많이 겪게 된다. 마음대로 안 되는 것이 인생사다. 그래도 삶 자체엔 의미가 있다. 부자도, 가난뱅이도 다를 바 없다. 그런데 남의 얘기를 포장해 전하는 이가 적지 않다. 물론 사실 관계를 정확히 모르고 그러는 경우가 대부분이다. 이 때문에 당사자는 큰 상처를 입게 된다. 당해 보지 않고서는 누구도 그 심정을 헤아리지 못한다.

한동안 두통으로 고생을 했다. 내로라하는 병원·한의원을 다 찾아다녔어도 원인을 찾지 못했다. 그러면 똑같은 대답이 돌아온다. '스트레스'가 원인이란다. 하긴 명의인들 검사 결과 이상이 없다면 뾰족한 수가 있겠는가. 다른 회사 지인들과 식사를 하는 자리에서다. 한 친구가 대뜸 "중병에 걸렸다며…"라고 애처로워했다. "무슨 말이냐."고 했더니 나의 회사 식구로부터 들었다고 전했다. 말이 와전됐으리라는 생각이 들면서도 서운한 감정은 숨길 수 없었다.

말이란 그렇다. '어' 다르고, '아' 다르다고 했다. 요즘 정치판에서 벌어지는 일들도 닮은꼴이다. 남을 배려하는 마음이 아쉬운 때다.

관심과 격려

나의 글을 기다린다는 독자에게서 메일을 받았다. "위원님의 글에는 한 조각 뜻이 있고 꿋꿋한 멋이 있어 즐겨 읽고 있습니다."라고 먼저 치켜세웠다. 이어 "워크숍 자료를 보내오니 이 세상의 비극적 문제에도 관심을 가져 주시면 기쁘겠다."고 맺었다. 일단 격려를 받고 보니 자료에도 관심이 갔다. 그래서 꼼꼼히 읽어보았다.

청소년 문제에 관한 자료였다. 주제 발표자와 토론자는 조금 생소했다. 하지만 우리의 자녀들을 위해 남몰래 애쓰는 모습은 짐작이 가고도 남았다. 외환위기 이후 수많은 가정이 위기에 봉착해 있다. 젊은이들은 인생을 포기하거나 체념에 이르기도 한다. 가정은 이들을 올곧게 자랄 수 있도록 만드는 토양이다. 가정이 파괴돼서는 안 될 일이다. 이러한 관심사에 대해 조목조목 짚고 토론을 했으니 관심을 끌 수밖에….

관심과 격려는 청소년에게 보낼 수 있는 최고의 메시지다. 그로 인해 새 출발을 다짐하게 할 수도 있다. 주변에 홀대받는 청소년들이 적지 않다. 이들이 씩씩하게 자랄 수 있도록 힘을 보태주자.

그릇이 큰 사람은 남에게 호의와 친절을 베풀어주는 것을 자기의 기쁨으로 깨닫는다.
— 아리스토텔레스

연속극

몇 해 전 지인을 문병했다. 아픈 곳이 한두 군데가 아니어서 큰 고통을 겪고 있는 듯했다. 그러나 점차 회복해가고 있다니 다행스러웠다. 그 분의 낙천적 성격은 병상에서도 발휘되는 듯했다. 텔레비전 드라마를 재미있게 보고 있다는 것이다. 여자 셋 나오는 연속극을 화제로 올린 뒤 우리 드라마가 그렇게 재미있는 줄 몰랐다고 말했다.

나도 가끔 드라마를 본다. 그러나 바쁜 일상에 띄엄띄엄 보다 보니 줄거리를 놓치게 된다. 가족과 함께 TV를 보다가 지난 줄거리를 물어볼랍시면 일제히 매몰차게 몰아세운다. 방해하지 말고 다른 방에 가서 혼자 보라며 핀잔을 준다. 장모님만이 내 편이다. 아내의 지청구에도 자초지종을 설명해준다. '사위 사랑은 장모' 라는 말도 이래서 나왔을 법하다. 다른 집안 역시 우리 집과 비슷하다고 한다. 거의 '이방인' 취급을 받는 게 요즘 우리네 남편들이다.

'겨울연가' 의 일본 시청률이 15%대를 기록했다는 보도다. 한국 드라마를 보는 일본 가정의 남편들은 어떤 모습인지 궁금해진다.

라면 경제학

1980년대 초반 무렵. 군대 막사에는 밤마다 라면 끓는 냄새가 진동했다. 미군과 함께 방을 썼지만 전기히터로 라면을 쉽게 요리할 수 있었다. 당번은 당연히 이등병인 막내 차지. 칼칼한 맛을 더하는 데는 고추장이 제격이었다. 햄버거·오믈렛·베이컨 등에 찌든 터라 김치까지 있으면 금상첨화. 카투사끼리 삼삼오오 모여 먹을라치면 미군 사병도 포크를 들고 끼어들었다. 모두들 국물 한 방울 남기지 않고 후루룩 비웠던 기억이 생생하다.

라면은 지금도 옛맛 그대로다. 최근 한 기업인으로부터 라면 예찬론을 들었다. 경제력도 있고, 매우 깔끔한 분이기에 의외였다. 그쯤 되면 호텔이나 고급 식당을 주로 이용하겠거니 지레짐작했다. 그러나 2500원짜리 라면을 즐기기 위해 포장마차를 자주 들른다고 했다. "세상에서 가장 맛있다."는 말도 했다. 그러면서 저명한 경제학자의 '라면'에 관한 특강을 소개해줬다.

현재 라면 낱개는 800원 정도. 학자는 수강생들에게 라면을 1000원으로 올려도 사 먹겠느냐고 물었다고 한다. 결과는 거의 100%가 손을 들었다는 것. 그렇다면 그 기업은 200원의 사회공헌을 하고 있는 셈이다. 라면에 대한 국민의 사랑이 식지 않는 이유가 아닐까.

인내

인내忍耐는 참고 견딤을 말한다. 때론 엄청난 위력도 보여준다. 실제로 싸우는 것은 쉽다. 참고 견디는 것이 더 어렵다. 그래서 **인내심 강한 사람이 최후 승자가 되곤 한다.** 주위에서 이런 경우를 흔히 본다.

나는 인내심이 강하다는 얘기를 들어왔다. 물론 저절로 생긴 것은 아니다. 상황이 그렇게 만들었다고 본다. 중학교 2학년 때 아버지를 여의었다. 집안의 기둥이 무너지고 보니 모든 것을 혼자 판단해야 했다. 그때부터 인내를 터득한 것 같다. 특히 남에게 흔들리는 모습을 보여주기 싫었다. 그런데 최근 생각을 바꿔 보려 했다. 우연히 저명한 의사 한 분을 만났다. 지나온 얘기를 말씀드렸더니 생활태도를 바꿔 보란다.

조금은 흐트러진 모습도 괜찮다고 했다. 약속시간을 어겨 보고, 아예 나타나지도 말아보라고 했다. 너무 원칙에 집착하는 것도 스트레스의 요인이라고 지적한다. 그 말에 공감하면서도 실천에 옮길 수 없었다. 30여 년간 길들여온 습관을 버릴 수 없는 탓일까. 지금처럼 인내하면서 살아가련다.

자연의 걸음걸이에 맞추어라. 자연의 비밀은 인내이다.　— 디즈레일리

부음소동

지난 해의 일. 아침 지인이 다급한 전화를 걸어왔다. "형, 부음 봤어? ○○선배 부친이 돌아가셨던데 발인이 오늘 오후 1시야. 시간 있으면 빈소에 같이 가자."고 했다. 조간신문을 훑어 보니 선배의 이름이 나와 있었다. 아차 싶었다. 부음은 빠짐없이 챙기는데 간과했던 것이다.

선배의 가족 사항은 대충 들어 알고 있었다. 미국에 사는 형제도 있고, 대학 교수가 있다는 얘기를 어렴풋이 들은 적이 있다. 부음란에도 비슷한 사항이 실렸다. 확신이 들자 이곳저곳 전화를 걸었다. 모두들 모르고 있었다. "돌아가신 지 이틀이나 지났는데…"하면서 반신반의했다. 몇몇은 급히 병원으로 발길을 옮겼다. 나는 그들 편에 위로의 말을 건넸다. 그런데 30분도 지나지 않아 연락이 왔다. "형, 동명이인이야." 우리는 한바탕 웃었다.

그 선배에게 바로 전화를 했다. 똑같은 전화를 여러 차례 받았단다. "아버님이 오래 사실 것 같다."고 덕담을 나눴다. 예로부터 슬픈 일은 함께 나누라고 했다. 디지털 시대에 문자메시지 하나면 족하다. 문명의 이기를 최대한 이용하는 것도 방법이다.

불면증

세상엔 희한한 병이 많다. 불면증도 그중의 하나일 것이다. 며칠 동안 밤을 지새운다고 생각해보라. 끔찍한 일이다. 아무리 잠을 청해도 정신이 더 맑아지는데 어찌할 도리가 없다. 이 같은 고통을 겪어본 사람만이 그 심정을 안다. 동병상련同病相憐이랄까.

나 역시 잠을 제대로 못 자 고생한 적이 많다. 갖은 방법을 써보지만 효과가 없다. 한밤중에 냉수욕도 해본다. 애꿎은 텔레비전만 수없이 켰다 껐다 한다. 화장실도 뻔질나게 들락거린다. 가족들의 고통 또한 이만저만이 아니다. 잠을 깨우기 일쑤다. 그러다가 최근에 비법을 터득했다. 졸릴 때까지 안 자면 된다. 일부러 자리에 누울 필요가 없다. 인체 구조상 몹시 지치면 잠이 저절로 온다는 이치를 깨달은 것이다.

"잠은 괴로운 인생에게 보내온 아름다운 선물이다. 죽음이 긴 잠이라면 그것은 영원한 축복일 것이다." 피천득 선생의 말이다. 그렇지만 삶보다 더 고귀한 것이 있을까. 영원한 축복 대신 아름다운 선물을 위해 살자. 그것이 오늘날을 사는 삶의 지혜다.

人事

사람에겐 희로애락의 감정이 있다. 다른 동물도 마찬가지겠지만 인간만이 표현할 줄 안다. 말을 할 수 있는 유일한 존재이기 때문이다. 기쁠 땐 웃고, 슬플 땐 운다. 가족과 지인들도 그것을 함께 공유한다.

매년 연말이나 연초가 되면 인사이동이 잦다. 축하용 난도 가장 많이 팔린다고 한다. 지난해 연말 군 장성급 승진 인사가 있었다. 특히 대령에서 준장 진급 인사에 관심이 쏠린다. 승진 예정자는 축하를 받는다. 주위의 부러움도 산다. 반면 탈락자는 와신상담에 들어간다. 통음을 하는 이들도 있다. 그렇다고 속이 후련하지도 않을 텐데….

인사가 만사라고 한다. 그만큼 중요한 때문일 터다. 인사권자가 아닌 한 모두 매달릴 수밖에 없다. 아니라고 말하면 거짓이다. 결국 인사는 자기와의 싸움이다. 낙담하고 태만하면 반전의 기회를 잡을 수 없다. 더 정진하고 노력해야 한다는 얘기다. 그 다음은 사필귀정이다. 나도 최근 대기자大記者 발령을 받았다. 그런데 대기자待機者로 더 이해했다. 크게 웃는 여유를 갖자.

낭패

한 소년이 웅덩이를 건너다 잘못하여 넘어진다. 한순간 운동화와 양말은 물론, 넘어지면서 손으로 물을 짚는 바람에 가슴팍까지 흙탕물이 튄다. 흙탕물에 빠진 낭패감에 눈물을 흘린다. 그러나 그것도 잠시, 거기 서 있는 사람들이 쳐다보고 있다는 걸 느끼자 얼굴이 달아오르고 마음이 급해진다. 빨리 일어나야 한다는 생각뿐이다.

지난 2004년 제주엘 갔다가 비슷한 경험을 했다. 날씨까지 활짝 개어 육지 손님을 맞이했다. 해질 무렵 일행과 함께 식당으로 가는 길이었다. 집안끼리 자주 왕래하는 형님이 제주에 살고 있는데 때마침 전화가 걸려왔다. "서울에서 손님이 내려와 소주 한 잔 하고 있다."고 자랑을 해왔다. 미리 연락을 안 드려 가슴이 철렁했지만 서울에 있는 양 호들갑을 떨었다.

그런데 웬걸. 음식점에 도착해보니 그 형님이 있지 않은가. 쥐구멍이라도 찾고 싶었다. 전화 통화를 한지 5분도 안되어 나타났으니, 형님은 끝내 노여움을 풀지 않았다. 형수에게 저간의 사정을 얘기하고 도움을 청했다. "삼촌, 그것 보세요." 낭패狼狽를 보면서도 교훈을 얻는 게 우리네의 일상생활인가 보다.

거시기

우리나라는 면적이 넓지 않다. 대신 인구밀도는 높다. 지역색도 뚜렷하다. 말 역시 다양하다. 사투리가 심한 지역에서는 말뜻을 이해하느라 고생한다. 특히 제주 지역 방언은 알아 듣기 어렵다. 하지만 사투리는 언제 들어도 정겹다. 선조의 숨결이 느껴지기 때문이다.

전라도 지역에서 흔히 쓰는 '거시기'가 있다. 대부분 사투리로 알고 있다. 그러나 국어사전에 나와 있는 표준어다. 말하는 중 물건이나 일의 이름이 얼른 입에서 나오지 않을 때 쓴다. 이에 관한 일화도 많다. 면장 출신 어른이 동네 혼사에서 주례를 서게 됐다. 궂은 날씨는 생각지 않고 주례사를 준비했다. 그런데 비가 쏟아졌다. "화창한 날씨에도 불구하고….."라며 운을 떼자 객석에서 웃음이 터졌다. 이에 당황한 주례는 다음 말부터 '거시기'로 시작해 '거시기'로 끝냈다. 그래도 하객들은 모두 알아들었단다.

요즘 거시기는 유행어가 됐다. 만사형통 언어로 등극했다. 집에서 종종 써본다. "거시기 좀 가져와."하면 알아서 내놓는다. 이런 것이 우리말의 묘미다.

삶과 독서

가장 흔한 취미가 뭘까. 이력서에 보면 취미 란이 있다. 그 사람의 성향을 알아보기 위해서일 것이다. 딱히 쓸 게 없으면 독서나 등산을 적는다. 그것들이 쉬워 보여도 실천하지 못하는 사람들이 의외로 많다. 1년에 책 한 권 읽고, 산에 한두 번 오른다면 거짓인 셈이다.

책만큼 좋은 양식이 또 있을까. 책을 한 권 독파하고 나면 기쁨이 배가된다. 산꼭대기에 오른 것 같은 성취감을 맛본다. 그러나 세태가 변하면서 책을 읽는 사람들이 줄어들고 있다. 독서를 통해 터득하던 지식을 인터넷에 의존한다. 신문도 잘 보지 않는데 웬 독서 타령이냐며 불평할지 모른다. 실제로 지하철에서 책 읽는 사람을 보기 어렵다. 무료 신문을 대충 보는 게 일상이 됐다.

책도 젊을 때 많이 읽어야 한다. 독서광으로 소문난 대선배의 충고다. "여든이 되니까 책도 읽을 수 없어. 집중하다 보면 에너지가 많이 소모되기 때문이야. 책을 읽지 않고 오래 사는 방법을 택했다네." 독서와 인생의 의미를 되새기게 한다.

나이 쉰

매년 해가 바뀌면 한 살씩 더 먹는다. 나이가 들었다며 좋아하는 사람이 있을까. 어릴 때는 빨리 어른이 되었으면 하고 바란다. 대접이 달라져서다. 툭하면 "애들은 저리 가라."는 말을 듣곤 했다. 그래서 제법 어른 행세를 하는 대학생 형·누나들이 부러웠다.

요즘은 나이 얘기를 하기가 쑥스럽다. 여전히 건재한 고령자들이 많아서다. 70대 노인도 50대로 보이는 사람들이 적지 않다. 60대는 노인 축에 끼지 못한다. 경로당에서도 여든은 넘어야 어른(?) 대접을 받는단다. 30~40여 년 전만 해도 달랐다. 쉰이 넘으면 동네 사랑방을 차지했다. 일찍 결혼해 손자·손녀들을 여럿 두었으니 할아버지 대접을 받았다. 그곳에서 정담을 나누면서 늙어갔다. 하지만 시간은 되돌릴 수 없는 법. 시대에 맞춰 살아갈 수밖에 없다.

회사 근처 클리닉에 들렀다. 의사가 진료를 한 뒤 "이제 반 사셨잖아요."라고 말했다. 앞으로는 100살까지 살 것이라고 한다. 건강하지 않으면 모든 게 부질없다. 건강은 스스로 챙길 때 담보할 수 있다.

인재(人財)

불황과 함께 인재의 중요성이 거듭 강조된다. 사람이 모든 일의 성패를 좌우하기 때문이다. 어려운 때일수록 인재는 보석처럼 빛난다. 그래서 유명기업들은 인재양성에 온 힘을 쏟는다. 스카우트 담당 임원이 있을 정도이니 말이다. 그들은 좋은 재목을 구하기 위해 5대양 6대주를 누빈다.

혁신전도사로 유명한 지인이 찾아 왔다. 이름 석자만 대도 알 만한 그다. 이런저런 말을 나누다가 갑자기 펜을 찾았다. 그러더니 '인재人財를 양성하라.'고 썼다. 그동안 인재人材, 인재人才를 주창해왔던 터라 의아했다. 국어사전에도 없다. "지금은 돈 되는 사람이 필요하다."는 얘기였다. 수긍이 갔다. 기업체들도 인재 채용 때 돈을 벌어올 수 있는 사람을 선호한단다. 그래서 면접방식도 이전과 사뭇 달라졌다는 것. 실전에 당장 투입할 수 있는 사람이 우대 받는다.

그가 떠난 후 왠지 허전하고 씁쓸했다. 사람보다 돈이 먼저라는 생각이 들어서였다. 그러나 어찌하랴. 세태가 그렇다면 순응하는 것이 도리일 듯싶다.

119

연말이 다가왔다. 크리스마스 노래가 울려 퍼지지만 왠지 스산하다. 유종의 미를 거둬야 하는데 우울한 소식이 많다. 미국발 경제위기 탓일까. 각종 매체를 들여다봐도 그렇다. 미담은 거의 눈에 띄지 않는다. 하루하루 떨어지는 소리뿐이다.

그래도 여기저기서 연락이 온다. 해가 가기 전에 얼굴이나 보자는 얘기다. 나이가 들수록 모임의 횟수도 많아진다. 학교 동창 모임은 기본이다. 그 밖에 친목회, 향우회 등 갖가지 모임이 기다린다. 가급적 얼굴을 비추려고 노력한다. 한두 번 빠지면 아예 대상에서 제외되기 때문일 터. 바쁘다는 것은 핑계다. 내가 그러면 남도 똑같다. 성의가 중요하다.

연말연시에서 가장 괴로운 것은 술이다. 오랜만에 만나다 보니 술잔도 자주 오간다. 아내의 바가지도 깜빡한다. 덜 마시고 즐겁게 보내는 방법은 없을까. 한 선배가 비법을 알려줬다. ‘119’를 반드시 지키란다. 웬 뚱딴지냐고 물었다. 선배 왈 “술은 1차에서 한 가지 술로 밤 9시까지만 마셔라.”라고 훈수했다. 불가능한 일은 아닐 듯싶다.

군대생활

대한민국 남자라면 누구든지 군에 가야 한다. 헌법도 국방의 의무를 규정하고 있다. 그런데 이를 기피하려는 사람들이 적지 않다. 나만 빠지면 된다는 생각에서다. 이를 위해 갖은 방법을 동원한다. 특히 연예인과 운동선수들이 유혹에 쉽게 빠져든다. 늦깎이로 입대한 뒤에야 잘못을 뉘우친다.

남자 사이에서 군생활은 대화의 단골 메뉴다. 20~30년 전 기억을 떠올리며 감상에 젖곤 한다. 고생하지 않은 사람이 드물었다. 어려웠던 시기라서 추억거리가 더 많은 것 같다. 군대를 갔다 오지 않은 이는 대화에 끼어들지 못한다. 요즘 군은 많이 달라졌다. 내무반 시설도 좋아지고, 외박도 자주 나온다. 그런데 아이들은 여전히 군입대를 걱정한다. 대부분 애지중지 자라 독립심이 부족한 탓이리라.

군생활이 긍정적인 측면도 많다. "인생 가운데서 생활비 걱정 없이 보낼 수 있는, 그래서 돈의 스트레스로부터 해방되는 기간이기도 합니다." 아들 녀석의 입대를 앞두고 지인이 이 같은 내용의 격려편지를 보내왔다.

글쓰기

활자엔 매력이 있다. 글을 쓰는 사람들이 갖는 쾌감이다. 때문에 밤을 새워 원고를 다듬기도 한다. 글쓰기는 힘든 작업이다. 예전이나 지금이나 똑같다. 컴퓨터, 노트북의 보급과 함께 수정작업이 쉬워졌을 뿐이다. 물론 원고지를 여전히 고집하는 이들도 있다.

각 신문에 오피니언 면이 있다. 다양한 사람이 등장한다. 저명인사들도 많다. 자주 기고하는 인사가 있는 반면, 처음 원고 청탁을 받는 경우도 있다. 거의 대부분 글쓰기 울렁증을 토로한다. "한 달에 한 번 쓰는 원고인데, 보름 정도는 스트레스를 받아요. 저만 그런 줄 알았는데 다른 분들도 비슷한 경험을 한다더군요." 현직 장관 K씨의 말이다. 어지럼증을 호소하는 이들도 있다.

독자에게서 이메일을 받았다. 고등학교만 졸업했는데 글을 쓸 수 있는지 물어왔다. "대학을 나오지 않아도 됩니다. 작가로 등단하는 길이 열려 있으니 한 번 도전해 보십시오."라고 답했다. "많은 도움이 됐다."는 연락이 왔다. 글 쓰는 꿈을 꼭 이루길 빈다.

바보들의 행진

인간의 욕망은 끝이 없다. 그것 때문에 패가망신해도 집착한다. 욕망의 충족조건은 재미다. 갈수록 흥미를 더해 가기에 손을 떼지 못한다. 일단 발을 들여놓으면 빠져나오기 어렵다. 어떤 것들이 있을까.

은퇴한 선배들과 어울렸다. 한 분이 '3불' 얘기를 꺼냈다. 예순이 넘어 하지 말아야 할 것을 일목요연하게 설명했다. 첫째, 주식투자를 하지 말라. 둘째, 도박을 하면 절대 안 된다. 셋째, 정치에 입문하는 순간 망한다. 주변의 사례까지 섞어 얘기하니 누구도 반론을 펴지 못했다. 구구절절이 옳았다. 다른 장소에서도 같은 경험담을 들었다. "우량 주식이라고 해 투자했는데, 제네시스가 티코가 되고 말았습니다." 1년간 외국에 나갔다 온 노老교수의 푸념이다.

셋 다 중독성이 강하다. 한 번 실패해도 다음에는 꼭 성공할 것 같은 예감이 들게 한다. 그러나 그 확률은 지극히 낮다. 그럼에도 욕망을 버리지 못한다면 바보짓이다. 우매한 게 인간이라던가. 바보들의 행진은 계속될 듯하다.

聖人

고 김수환 추기경의 여운이 여전하다. 많은 이에게 슬픔보다는 희망을 던져 주었다. 온 국민의 추모 속에 떠난 그를 다시 생각한다. 조문기간 40만 명이 넘는 인파가 명동성당에 몰렸다. 김 추기경을 40년 보필했던 춘천교구장 장익 주교는 "생각과 처지가 다른 사람들이 추위 속에 3, 4시간을 기다리며 추모하던 행렬이 지금도 생생하다."며 "마지막 모습을 보러 왔다기보다는 '고맙다'는 인사하러 다녀간 것 같다."고 했다. 질서정연한 추모행렬은 전 세계를 놀라게 했다. 외신들도 이같은 모습을 타전하기에 바빴다.

추기경님은 떠났다. 선종 후 보수 진보의 잣대로 평가했던 일부의 평이 새삼 부끄럽다. 그만 한 인물이 다시 나올 수 있을까. 지난 족적을 보면 그의 그림자가 너무 크게 다가온다. 그래서 더욱 그리운지 모른다. 하지만 성인을 그냥 보내기만 하면 안 된다. 그분의 모든 것을 한 단계 더 승화시켜야 한다. 지금 나라가 무척 어렵다. 국난을 극복할 수 있는 에너지가 필요한 시점이다. 추기경님을 생각하면서 어려움을 이겨내자.

어떤 사람의 희망은 미술에 있고, 어떤 사람의 희망은 명예에 있고, 어떤 사람의 희망은 황금에 있다. 그래도 나의 큰 희망은 사람에 있다.   – 윌리암 부스

사상의학

사상의학이 제법 회자되고 있다. 전문가를 자처하는 사람도 많고 관련 서적 역시 적지 않다. 지인들과 함께 사상의학의 대가인 N박사를 만난 적이 있다. 허리는 꼿꼿했고 혈색도 맑았다. 대략 스무 살은 젊어 보였다. 그래서 비결이 궁금했다. "담배·술·커피를 삼가고 화학조미료가 든 음식을 먹지 말라."고 했다. 그러면서 등산을 권유했다. 심장과 폐의 기능이 좋아진다는 것이다.

동무東武 이제마李濟馬가 사상의학의 효시다. 원전인 동의수세보원東醫壽世保元은 체질, 성격, 질병의 치료법 등을 독창적으로 설명한다. 이를 응용한 N박사의 현대적 체질 감별법이 재미있다. 나폴레옹과 오다 노부나가는 태양인이다. 폐는 실하고 간이 허하며 독선적이다. 도쿠가와 이에야스는 소음인으로 신중하고 치밀한 반면 우유부단하다. 도요토미 히데요시는 소양인으로 화를 잘 낸다. 낙천적인 다나카 총리는 태음인이란다.

나도 태음인 감정을 받았다. 쇠고기, 고구마, 은행, 미역, 고등어 등이 좋다고 했다. 닭고기와 달걀은 피하란다. 앞으론 음식을 가려볼 참이다.

공암증

새벽 3시. 남편이 안 보인다. 거실을, 화장실을 둘러봐도 없다. 아이들 방에서 가는 불빛이 새 나온다. 컴퓨터 화면이 켜져 있고, 남편은 그 앞에 엎드려 잔다. 두 아이는 세상 모르고 곯아 떨어졌다. 순간 불길한 예감이 엄습해온다. 남편은 요즘 예전 같지 않았다. 말수가 적어졌고, 조그만 일에도 곧잘 짜증을 냈다. 남편 옆으로 조용히 다가갔다. 화면에는 암에 관한 정보 창이 여러 개 깔려 있었다. 무슨 암이라도 걸린 것일까. 가슴이 철렁 내려앉는다. 인기척 없이 방을 빠져 나왔다.

남편은 언제 왔는지 옆자리를 지켰다. 하지만 아침 식탁에서도 그는 말이 없다. 잠을 설친 탓에 피곤한 기색만 역력해 보였다. "무슨 일이 있느냐."고 묻고 싶었으나, 입 안에서만 뱅뱅 돌았다. 남편은 밥을 먹는 둥 마는 둥 하고 회사로 떠났다. 하루 종일 불안을 떨쳐 버릴 수가 없었다. 전화 벨소리만 울려도 덜컥 겁이 났다. 그런데 남편이 환한 얼굴로 일찍 귀가했다. "조직검사 결과 아무 이상이 없다."고 좋아했다. 그제야 까닭을 알았다.

한 친구가 들려준 경험담이다. '암의 공포'에서 해방될 수 있으면 좋겠다.

초보운전

"세 살 버릇 여든까지 간다."는 우리 속담이 있다. 처음에 길을 잘 들여놓아야 한다는 얘기일 게다. 운전 역시 마찬가지다. 난폭 운전도 습관에서 비롯된다. 올바르고 안정된 자세로 운전을 해야 항상 즐겁고 안전한 운전을 할 수 있다. 무엇보다 운전은 남을 우선 배려할 줄 알아야 한다. 그것이 안전 운행의 첩경이다.

처음부터 운전의 베테랑은 없다. 모두 '초보운전' 당시 아찔했던 기억들을 가지고 있다. 그런데도 일부 운전자들의 행태는 꼴사납다. '순초보운전' '진짜초보운전' '왕초보운전' '오늘이 처음입니다' 등의 표지를 보면 심술이 발동하는 것 같다. 이들에게 바짝 다가가 위협적인 운전을 하면서 쾌감(?)을 느끼는 것이다. 창문을 열고서 욕까지 하는 경우도 흔히 본다. 그러고는 쏜살같이 내뺀다. 철부지 운전자나 할 짓이 아니겠는가.

초보 운전자도 역시 조심해야 한다. 갓 운전을 시작한 처지에 무리한 끼어들기, 과속, 부당 추월은 사고를 부른다. 초보는 초보다워야 한다. 그래야 양보를 받을 수 있다. 운전할 때 본성이 드러난다는 말이 틀린 말은 아닐 터다.

전화예의

현대인과 떼려야 뗄 수 없는 것이 전화다. 휴대전화도 나온 마당이니 더욱 그렇다. 눈을 뜨면서 잠자리에 들 때까지 전화기와 붙어산다고 해도 과언이 아닐 듯하다. 그만큼 없어서는 안 될 물건이 됐다. 그러나 그것 때문에 우리의 일상생활이 영향을 받기도 한다. 바로 전화 에티켓이다.

전화는 직접 마주치지 않고 의견을 소통한다. 따라서 음성을 통해 상대방의 심기를 헤아릴 수밖에 없다. 인격 또한 대충 가늠할 수 있다. 그럼에도 우리의 전화 예법은 퉁명스럽기 짝이 없다. 일 때문에 30여 개 회사 담당자와 전화를 한 적이 있다. 이른바 잘 나가는 회사로 뽑혔던 기업들이다. 하지만 이들 회사 역시 전화매너는 수준 이하였다. 대부분 귀찮다는 반응이 주류였다. 취지를 충분히 설명한 쪽이 오히려 무안할 정도였으니….

유독 한 회사는 달랐다. "○○공사 ○○부 ○○○입니다. 무엇을 도와드릴까요." 목소리부터 상냥했다. 몇 해 전 인터뷰 당시 '친절교육'을 강조했던 CEO의 얼굴이 떠올랐다. 실천이 따랐던 셈이다. 그 회사가 1등을 고수하는 데 한몫 하지 않았을까.

슬픈 그들

저녁 식사를 한 뒤 가벼운 옷차림으로 아내와 함께 한강 둔치에 갔다. 그곳에는 여러 군상들이 휴일을 만끽하고 있었다. 죄다 밝은 표정이었다. 간간이 웃음소리도 흘러 나왔다. 2인용 자전거를 타는 연인들, 손을 맞잡고 걷는 노부부, 아장아장 걸음마를 배우는 아이들…. 그들에게서 슬픔이라고는 찾아볼 수 없었다. 기쁨과 생기가 충만해 있었던 것이다.

아내가 슬며시 팔짱을 끼었다. 20여 년 전 연애시절을 빼곤 얼마만인지 몰랐다. 이방인처럼 주위를 둘러보면서 한강을 따라 걸었다. 그때 멀리서 스피커 음이 들렸다. 무슨 축하행사를 하겠거니 생각했다. 마포대교 밑에 이를 때쯤 심장이 멈추는 듯했다. 한 무리의 시각장애인 안마사들이 생존권 투쟁을 하고 있었다. 지금까지 10명이 한강으로 투신했던 그 장소다. 안마사로 일하던 장애인 1명이 자살했다는 소식이 전해진 때문인지 그들의 절규는 더욱 처절했다.

그러나 많은 사람들은 그들을 외면했다. 눈살을 찌푸리며 지나치는 이들도 적지 않았다. 비장애인들이 그들을 돌보지 않으면 안 된다. 함께하는 세상이 더 아름답지 않을까.

책나눔

언론사에 있다 보니 이런저런 우편물을 많이 받는다. 즉시 받을 때도 있지만, 6개월~1년이 지나 받아보는 경우도 적지 않다. 대부분 일에 치여 대수롭지 않게 여기기 때문이다. 그래서 홍보물로 판단해 개봉도 하지 않고 버리는 경우를 흔하게 본다. 정작 중요한 문서까지 휴지통에 넣었다가 쩔쩔매는 모습도 종종 연출된다. 모두 자기 탓인 걸 누구를 원망할 수 있겠는가.

여러 가지 일들을 봐온 터라 우편물을 받으면 반드시 뜯어보는 습관이 생겼다. 지난해 여름 누런 봉투로 싼 조그만 소포를 받았다. 보낸 이의 이름을 아무리 떠올려 봐도 기억이 나지 않았다. 심리학박사 이민규 씨가 지은 《끌리는 사람은 1%가 다르다》는 책이었다. 또 맨 첫 장 속지에는 "끌리는 ○○○님께 드립니다."라고 적혀 있었다. 마침 일독을 권유할 만한 책이라는 얘기를 들은 바 있어 더없이 기뻤다. 그러나 아직도 보낸 이를 확인하지 못했다. 명함이라도 동봉했으면 좋으련만….

따지고 보면 책만큼 값어치 있는 선물도 없는 것 같다. 꼭 보고 싶은 책을 받았을 때 기쁨은 배가된다. 책 나눔 운동을 함께 펴나가자.

백수

옛날에는 마흔부터 노인 대접을 받곤 했다. 실제로 조혼이 이뤄져 40대 할아버지·할머니가 적지 않았다. 60대만 돼도 장수한다는 소리를 들었다. 70대 이상은 손꼽을 정도였다. 기자의 어릴 적 고향 역시 그랬다. 남자 가운데는 일흔을 넘긴 이가 없었다. 그런데 요즘은 어떤가. 일흔을 넘긴 할아버지들이 여전히 농사일을 하고 있다. 젊은이 못지않게 기력도 대단하다. 30여 년이라는 세월이 무색해진다.

우리나라도 장수국 대열에 들다 보니 웃지 못할 일이 종종 생긴다. 한 공기업 사장이 십수 년 전 대학 은사님을 만났단다. 70대 중반인데도 너무 정정해 덕담을 건넸다고 했다. "아흔까지는 활동하실 것 같습니다." 순간 선생님의 표정은 일그러졌다. 영문을 알 수 없는 그로서는 발을 동동 구를 수밖에…. 수수께끼는 한참 뒤에 풀렸다. 대학동기가 "그 친구 고얀 놈이야. 나보고 아흔까지만 살라고 했으니."라는 은사님의 노여움을 전해줬다. 그 선생님은 지금 아흔을 넘겼다.

이제는 노인에 대한 어법을 바꿀 때가 됐다. 백수白壽·99세라도 써야 무안을 당하지 않을 것 같다.

고희

요즘 일흔을 노인이라고 하면 섭섭해한다. 마을 경로당에서도 젊은 층에 든다고 하니 그럴 만하다. 실제로 나이를 무색케 하는 노인들이 많다. 여든을 훌쩍 넘겼는데도 60대 초반의 자태를 뽐내는 할머니들이 있다. 여성의 경우 평균 수명은 이미 여든을 넘었다. 머지않아 세계 최장수국이 된다는 통계 보고서도 있지 않은가.

옛날에는 인생칠십고래희人生七十古來稀라고 했다. 줄여서 고희古稀, 즉 예로부터 드물다는 뜻이다. 이 말은 당나라 시인 두보杜甫의 곡강曲江에서 비롯됐다. "조정에서 돌아오면 날마다 봄옷을 입고/하루같이 강가에서 만취해 돌아온다/술 빚은 예사로서 도처에 있고/인생칠십은 예로부터 드문 것이라." 여기에는 인생의 장수에 대한 욕망과 비애가 서려 있다. 하지만 지금은 고희가 흔해져 축하의 뜻으로 많이 쓴다.

고희연에 가끔 얼굴을 내민 적이 있다. 요 몇 년 사이에는 초청장을 1장도 받지 못했다. 소문낼 일이 아니라며 잔치를 하지 않은 탓일 게다. 최근 고희를 맞은 장모님 역시 마찬가지다. 시대가 풍속까지 바꾸는가 보다.

S

인심

어릴 적 잔칫집이나 상가는 마을 사람들로 내내 북적였다. 무엇보다 먹을 것이 흔했기 때문이다. 굶주렸던 시절이어서 온 가족이 신세를 지곤 했다. 그래도 어느 누구 하나 눈치를 주지 않았다. 먹는 것도 모자라 한 움큼씩 음식을 싸가도 본채 만채 했다. 그럴 만큼 인심이 후했다.

특히 급작스레 상(喪)을 당하면 마을 주민들이 모두 나섰다. 바느질 잘 하는 이는 상복을 지었고, 손맛이 좋은 사람은 음식을 만들었다. 상여도 동네 청년들이 주로 멨다. 발인 날은 만사를 제쳐두고 대부분 장지까지 따라갔다. 품앗이 성격이 강했다. 그러나 지금은 어떤가. 완전히 변해 있었다. 3년 전 집안 어른의 상을 당해 고향에 갔다. 나이 든 몇몇 어른만 눈에 띄었다. 젊은 사람이라곤 찾아볼 수 없었다. 마을 이장이 확성기를 통해 알렸다는데도 반응은 시큰둥했다.

변한 인심만을 탓해서는 안 될 것 같다. 고향을 자주 찾지 않은 까닭도 있을 게다. 고작 1년에 한두 차례 성묘하러 갔다가 즉시 올라오곤 했다. 마을 어른들을 뵐 수가 없었다. 그러고도 옛 인심을 기대했으니….

중년의 대화

쉰에 가까운 중년 셋이서 만났다. 흉금을 털어놓을 수 있는 사이라 많은 대화를 나눴다. 가정, 직장, 사회, 노후, 건강 문제 등 다양한 관심사가 오갔다. 그 중에서도 직장 및 향후 진로 얘기에 많은 시간이 할애됐다. 비슷한 처지에 있었기 때문이다.

그중 A는 고시 출신으로 늘 선두를 달려온 인물이다. 그런데 중앙부처 국장급이 되면서 주춤거리고 있다. 너무 잘 나가다 보니 견제를 심하게 받은 탓이다. 그 자신이 유별나게 출세를 추구했던 것도 아니었다. 윗사람들이 중용한 결과 그렇게 됐다. 원망을 할 법도 한데 초연했다. 그러면서 "끝까지 최선을 다하겠노라."고 몇 번이고 되뇌었다. 나머지 둘은 그런 그를 더욱 대견스러워했다.

사람은 '자리'가 말해준다고 한다. 의자의 크기에 따라 사람이 달라 보인다고 하지 않는가. 자리를 탐하는 이유다. 그러나 조금 쉬어가는 것도 방법이다. 대기만성이 오히려 낫다. 출세가 빠르다고 손뼉 칠 일이 아니다. 그런 결론에 다다르니 모두의 얼굴이 밝아졌다.

희한

“세상에 별 희한한 일도 다 있네.” “하여튼 희한한 친구야.” 우리는 살면서 ‘희한하다’는 말을 자주 쓴다. 매우 드물다는 뜻인데 어원을 정확히 아는 사람이 적은 것 같다. 한자어 ‘희한稀罕’에서 유래됐다. 그러나 우리말처럼 쓰다 보니 한자를 제대로 읽는 사람 또한 드물다. ‘희간’으로 독음하는 경우가 제일 많다. 연설문 등에 이를 한자어로 써 놓으면 웃지 못할 에피소드가 벌어지곤 한다.

이름에 한罕자를 사용하면 더 곤란해진다. 성씨와 아무리 조합하려 해도 유추할 수 없기 때문이다. 대부분 ‘간’으로 읽는다. 3공 시절 청와대를 출입한 언론계 대선배가 있다. 가운데 이름에 ‘罕’자를 썼다. 그런데 이름 덕을 톡톡히 봤다. 한학에 조예가 깊었던 박정희 전 대통령이 선배에게 관심을 가졌다. 멀리감치 있어도 ‘○한 ○기자’ 하면서 큰 소리로 이름을 불렀다고 한다. 자신의 한문 실력도 은근히 자랑하기 위해서였다.

한자가 우리 곁에서 점점 멀어지고 있다. 실제 ‘대한민국大韓民國’을 똑바로 쓰는 대학생이 적다고 한다. ‘희한한’ 일에 놀라울 따름이다.

작명

벌써 20년이 지났다. 밤을 꼬박 새워 작명 책을 본 적이 있다. 아들 녀석의 이름을 짓기 위해서였다. 대학 때 주역을 조금 공부한 터라 쉬울 줄 알았다. 우선 돌림자를 따라야 했다. 이는 집안 대대로 거역할 수 없었다. 집안 어른들이 주시하고 있었기 때문이다. 따라서 선택폭도 그만큼 좁았다.

이름에 부귀공명富貴功名을 담는 것은 기본. 이름값 한다고 하지 않는가. 전체 획수도 따져야 했다. 이리저리 맞춰 봐도 마음에 내키지 않았다. 그래서 작명 전문가나 유명 역술인을 찾는가 싶었다. 어쨌든 아들 녀석의 이름은 직접 지어줄 수 있었다. 4~5년 전 책장 속에 푹 파묻혀 있던 작명 책을 다시 꺼냈다. 조카 녀석이 아들을 낳은 것이다.

주례선생을 소개해 주었으니 이름도 지어달라는 부탁이 들어왔다. 한사코 사양했으나 막무가내였다. 아들 녀석의 이름을 지을 때보다 훨씬 신경이 쓰였다. 책도 1권 더 구입했다. 2~3일 걸려 두세 개의 이름을 건넸다. 이름까지 지어준 할아버지가 됐다. 그 놈은 그러한 사정을 아는지 친할아버지 이상으로 따른다. 놈을 만나면 한바탕 뒹굴 수 있어 신난다.

장래희망

초등학교에 들어가 생활기록부를 깨알같이 썼던 기억이 난다. 본적, 가족사항 등과 함께 취미, 장래희망 란도 있었던 것 같다. 취미는 보통 아이들처럼 독서 또는 위인전 읽기로 적고, 희망 란에는 교사를 썼을 성싶다. 아이들은 아버지를 가장 존경하는 인물로 꼽곤 한다. 아버지의 직업 또한 선망의 대상이 되는 것도 같은 맥락일 게다. 내가 교사를 적어낸 것도 이와 무관치 않다. 당시 아버지는 같은 초등학교의 선생님으로 있었으니….

장래희망도 세월 따라 변하는 것일까. 물론 그러기까지는 전환점이 있기 마련이다. 나 역시 그랬다. 중학교 때 아버지가 불의의 사고로 세상을 떴다. 그러면서 감수성이 예민한 소년의 신상에도 많은 변화가 왔다. 존경하던 아버지를 여읜 뒤 희망도 표류하기 시작했다. 정신적 방황은 고등학교 졸업 무렵까지 이어졌다. 대학에 입학한 뒤에야 진로를 결정할 수 있었다. 기자가 됐으니 희망의 절반은 이룬 셈이다.

제법 머리가 커진 아들 녀석도 이제는 아빠 직업에 시큰둥한 눈치다. 이유를 들어보면 씁쓸하다. "아빠! 돈 못 벌잖아." '돈벌이' 가 요즘 아이들의 장래희망도 바꿔놓는 듯하다.

생각하는 것이 인생의 소금이라면, 희망과 꿈은 인생의 사탕이다. 꿈이 없다면 인생은 쓰다. ― 리턴

식도락

여럿이 모이면 아내 애기도 자주 한다. 자랑만 하면 팔불출 소리를 들으니 애교로 한두 가지 약점을 들춰낸다. 그중에서도 음식솜씨 없다는 애기가 가장 많이 튀어 나온다. 흉이 아닌 듯 싶다. "장모님은 훌륭한데 우리 애 엄마 손맛은 아주 꽝이야." "애들도 아빠 손맛이 훨씬 좋다고 졸라대서 휴일 먹을거리 준비는 내 차지야." 요즘은 요리를 하는 데에도 엄마·아빠의 분업이 이뤄지는 느낌이다.

식도락도 큰 복이다. 여러 음식을 두루 맛보는 즐거움을 만끽할 수 있으니 말이다. 주변사람들로부터 식도락가라는 애기를 종종 들어왔다. 그렇다고 값비싼 집만을 골라 다니는 것도 아니다. 주방장의 손맛에 반해 기회 있을 때마다 들르는 것이다. 단골대접을 받음은 물론이다. 20년 가까이 이용하는 집이 서너 곳 된다. 음식 맛은 예나 지금이나 한결같다. 대代를 이어 손맛의 비법을 전수받은 결과다.

점심 땐 종종 사우나 식당을 찾는다. 주방의 손맛이 좋아 밥알 하나 안 남기고 깨끗이 비운다. 찬 하나를 보더라도 정성이 읽혀진다. 주방 아주머니 한 분이 그만둔다고 한다. 애기를 듣는 순간 어깨에 힘이 빠졌다. 식도락을 잃게 될 이기심 때문일까.

수술 여행

"큰 병원 신세 지지 말라." "법정엔 절대로 서면 안 된다." 어른들이 자손들에게 자주 들려주는 말이다. 하긴 난치병에 걸리지 않고, 송사에 휘말리지 않고 살면 무슨 걱정이 있으랴. 하지만 우리네 삶은 팍팍하기 그지없다. 주변을 돌아보면 암 환자가 없는 집안이 오히려 드문 오늘날이다. 당사자뿐만 아니라 구성원에게 주는 고통도 이루 말할 수 없다. 송사에 걸려도 마찬가지다. 검찰청·법원 건물만 봐도 진절머리가 난다고 하지 않는가.

지방에서 성실성으로 인정받는 친구가 있다. 효심도 지극해 할머니가 100살이 다 되도록 모셨다. 누가 봐도 흠잡을 데 없는 그에게 어느 날 갑자기 시련이 닥쳐왔다. 동네 의원에 우연히 들렀다가 대장 속의 조그마한 혹을 발견했던 것이다. 그곳에서는 대수롭지 않다며 간단한 시술을 권했다고 한다. 대다수가 그렇듯이 친구도 무작정 '서울행'을 택했다.

서울 대형병원의 방 잡기가 하늘의 별따기만큼이나 어려운 이유다. 그럼에도 병원의 시술은 만족스럽지 못했다. 환자가 병원을 상대로 싸우기엔 너무 벅차다. 친구도 소송을 하려다 그만뒀다. 대신 "수술여행은 꼭 서울로 갈 필요가 없다."고 강조하곤 한다. 얼마나 많은 이들이 공감할까.

승진

직장인들은 인사철만 되면 가슴을 졸인다. 특히 승진에 관심이 많은 것은 인지상정이다. 노심초사하다 보니 곧잘 밤잠을 설친다. 주위의 시선과 체면 때문에 더욱 그러하다. 이른바 선두그룹일수록 체감온도는 심하다. 같은 반열에서 탈락한 데 따른 자괴감 때문일까. 그래서 2위 그룹을 선호하기도 한다. "선두는 항상 외롭습니다. 두 번째 그룹은 목표치가 있으니 한결 여유가 있지요." 생존경쟁이 치열한 어느 검찰 고위간부의 자위 섞인 고백이다.

그러나 요 몇 년 사이 그런 행태가 크게 바뀐 것 같다. 승진을 마다하는 경우도 적지 않다고 한다. '사오정' '오륙도' 등 신조어가 만들어지는 세태를 반영하는 듯하다. 기업 임원은 직장인의 꽃이다. 그런데 발령 순간부터 퇴사를 걱정하게 된다는 귀띔이다. 언제 잘릴지 모르기 때문이다. 그보다는 '고참부장'이 선망의 대상이라고 하니 아이러니다. 한 지인도 '만년부장' 명함을 자랑스럽게 내보였다. 임원 승진 인사에서 빠졌다며….

삶 자체가 경쟁이라고 했다. 빨리 오르면 그만큼 빨리 내려오는 법이다. 가늘고 기다랗게 가는 방법도 있다. 천천히 간다고 아쉬워할 게 아닌 듯싶다. 그래도 친동생의 승진 소식은 아쉬움보다 기쁨을 더해주었다.

빛바랜 상장

상賞은 기분이 좋다. 어떤 상이든지 받으면 우쭐대기 십상이다. 무엇보다 우월감이나 성취감 때문일 것이다. 각종 감사패, 기념패 등으로 '내가 이런 사람'이라며 지위를 내보이곤 한다. 허장성세로 '폼' 잡는 사람일수록 더욱 그렇다. 그러다 보니 이를 상업적으로 이용해 동심을 등치는 사람까지 등장한다. 한 번도 들어보지 못한 대회 등이 이런 데서 연유한다. 주최 측이 애매모호함은 물론이다.

요즘 엄마와 아빠는 아이들에게 상 타기를 권유한다. 학업 우수상이면 으뜸이고, 반장·부반장 표창을 가리지 않는다. 대학 입학 전형이 넓어지면서 상장과 표창을 많이 받은 학생이 유리한 고지를 점령할 수 있는 까닭이다. 때문에 치맛바람 소리도 심심찮게 들린다. 주위에서 노골적으로 부인을 적극 활용(?)하라는 얘기도 한다. 아이들에다 엄마마저 경쟁에 끌어들이는 형국이니 한참 잘못됐다는 생각이 든다.

제사로 가족이 모였다. 화제가 30여 년 전으로 거슬러 올라가자 어머니는 사진첩을 들고 나오셨다. 못살던 시절이었던 만큼 모두들 차림새가 남루했다. 순간 앨범 갈피 속에 빛바랜 상장이 눈에 띄었다. 동생의 초등학교 6년 정근상이었다. 개근상, 정근상에도 모두 기뻐했던 그 시절이 그립다.

인생유전

옛 어른들은 한 가지 일에만 천착穿鑿하라고 일렀다. 그래야만 성공할 수 있다는 점도 빠뜨리지 않았다. 중년으로 접어들면서 더욱더 가슴에 와 닿는다. 멀리 내다볼 필요도 없다. 바로 가까이에 그들이 있다. 10~20년간 정성을 쏟은 끝에 기반을 다진 사람들이 적지 않다. 이름 하여 '알부자'도 그들 중의 하나다.

초등학교 동창생들을 종종 만난다. 제법 자리를 잡은 친구들이 연락을 해온다. 전문직보다는 자영업을 하는 녀석들이다. 여러 부류를 만나다 보니 얼굴만 봐도 형편을 알 수 있을 듯하다. 윤기가 흐르는 친구들에겐 공통점이 있다. 초년 시절 그들의 고생담을 듣노라면 눈물이 날 정도다. 많이 배우지도 않았다. 오기와 끈기만이 생명력의 젖줄이었다. 한 우물을 파 성공을 거뒀기에 그들이 더욱 자랑스럽다.

한 달 전 지인의 결혼식에 갔다. 1970년대 초 고향을 등진 이래 그리웠던 얼굴들을 여럿 만났다. 거기서의 화제도 돈을 번 사람들에게 모아졌다. 성공담의 주인공들은 비록 허드렛일이지만 한 우물을 끝까지 판 사람들이 대부분이었다. 200억~300억 원대 재산가도 있는 모양이다. 부러움이 앞선 때문인지 마음 한 구석은 허전했다. 그게 보통 사람들의 심리인 듯싶다.

가난의 고통을 없애는 방법은 두 가지다. 자기의 재산을 늘리는 것과 자신의 욕망을 줄이는 것이다. 전자는 우리의 힘으로 해결되지 않지만 후자는 언제나 우리의 마음가짐으로 가능하다. ─ 톨스토이

대통령과 붕어빵

붕어빵 장수가 많이 눈에 띈다. 창업비용이 적게 들기 때문일까. 취업난도 일정 부분 거든 듯해 씁쓸하기도 하다. 붕어빵을 굽는 손놀림이 빠른 젊은 사람도 자주 목격하게 된다. 그러나 붕어빵의 향수에 젖은 이들에겐 반가운 일이다. 어디서든 손쉽게 구해 옛 추억을 되새길 수 있으니….

특히 붕어빵은 한국인에게 친근감이 있다. 붕어는 우리 하천에 널려 있는 가장 흔한 어종. 그 모양보다는 맛에 더 묘미가 있다. 단팥을 주원료로 한 소가 그것이다. 고소하면서도 달콤하고 바삭바삭하다. 말랑말랑하고 쫄깃쫄깃한 맛을 무엇에 견줄까. 먹는 방법 또한 가지가지다. 머리부터, 꼬리부터, 배부터, 등지느러미부터, 반을 뚝 잘라 먹는 사람 등. 전체를 음미하면서 먹을 수 있는 것이다. 이만한 먹을거리가 어디에 있으랴. 금방 구워낸 것만큼이나 식은 붕어빵도 맛있다.

붕어빵은 남녀노소, 지위고하를 가리지 않고 사랑받는 것 같다. 김대중 전 대통령은 텔레비전 대담 프로그램에 나와 '붕어빵'을 좋아한다고 했다. 실제로 그는 대통령 재임 중에도 종종 붕어빵을 찾았다는 전언이다. 추운 겨울 붕어빵을 굽는 이들에게 희망의 메시지가 되었으면 좋겠다.

인생스승

가족끼리도 자주 만나는 중소기업 사장이 있다. 보통 사람과 다른 점이 많은 분이다. 우선 깐깐한 성격에 올곧다. 매우 직설적이다. 때와 장소를 가리지 않고 쓴소리도 마다하지 않는다. 그래서 당황스러운 경우가 적지 않았다. 제법 시간이 흘러서야 그 분의 인생관을 알 수 있었다.

슬하에 아들 셋을 두었다. 첫째 아들의 결혼소식을 듣고 달려갔다. 그러나 식장엔 축의금 접수대조차 없었다. 친·인척 등 여러 명이 항의(?)하는 모습을 볼 수 있었다. 둘째·셋째는 같은 날 한 식장에서 결혼식을 치렀다. 역시 축의금을 받지 않았다. 하객들은 두 번씩 허탕 친 셈이다. 멋쩍은 나머지 강력히 항의했다. "귀중한 시간을 내준 것만으로 평생 잊지 않겠다."는 답을 들었다.

그렇다고 남의 애경사를 소홀히 하는 것은 아니다. 16년 전 집안 상을 당했을 때도 맨 먼저 달려왔다. 자신의 도리는 다 하면서 남에겐 티끌만큼도 부담을 주지 않았다. 한 번은 집으로 초대받았다. 30여 년 이상 된 고물 선풍기를 보고 깜짝 놀랐다. 근검절약을 실천하는 듯했다. 인생 스승은 늘 가까이 있다.

탐닉

세상엔 '미쳤다'는 소리를 듣는 사람이 많다. 좋은 뜻보다 나쁜 의미가 더할 듯하다. 예를 들면 도박, 게임, 오락 등…. 여기에는 '완전히'라는 부사어도 수시로 따라 붙는다. 집 안에서도 하루에 서너 번은 족히 듣는 것 같다. 아이들이 많을수록 더할 것이다.

그는 도요타에 완전히 미친 사람이다. 1990년부터 지금까지 도요타만을 연구해왔다. 혁신을 골간으로 하는 도요타생산방식TPS에 반했기 때문이란다. 그의 여권은 일본 방문 기록으로 빼곡하다. 상대방을 알아야 이기는 법. 수모도 꽤 당했지만 이를 악물고 '혁신'을 연구했다고 한다. 언젠가는 자신만의 아카데미를 만들겠다는 생각 하나로. 지금 그는 전국을 무대로 뛰고 있다. 내로라하는 기업의 최고경영자CEO들이 그의 문하생이다. 초창기 꿈도 영글었다. 이름 하여 '혁신사관학교'가 그것이다. 이 모든 게 도요타에 '미친' 결과다.

그를 포함해 몇몇이 부부동반 모임을 가졌다. 그 날의 주인공도 역시 그였다. 부러운 눈길들이 읽혀졌다. 이튿날 아내 왈 "당신도 어디 한 번 미쳐 보시지." 이제부터 미쳐서 될 일이 있을까. 새해를 맞고 보니 나이의 무게만 새삼 느껴진다.

가을 운동회

추석 무렵 시골 아이들은 숯검댕이 된다. 여름엔 내내 물놀이를 한다. 개학하면 바로 가을 운동회 준비에 들어간다. 가을 땡볕은 여름 햇살보다 더 따갑다. 두어 달 간 햇볕에 그대로 노출된 아이들은 온통 시커멓다. 그래도 아이들은 마냥 즐겁기만 하다. 몇 밤만 자면 가족들 앞에서 그동안 갈고 닦은 기량을 자랑할 수 있는 운동회가 기다리고 있기 때문이다.

저학년 여자 어린애들의 부채춤은 단연 인기. 고사리 같은 손가락에 부채를 든 맵시가 연상 춤꾼이다. 부채를 놓친 아이는 그 자리서 울음보를 터뜨린다. 공연이 아슬아슬하게 끝나면 우레와 같은 박수가 쏟아진다. 고학년은 기계체조, 단봉체조, 기마전을 뽐냈다. 공굴리기, 오자미던지기, 줄다리기도 재미있었다. 전교생이 참여하는 종목은 달리기. 선생님이 찍어주는 손도장은 공책과 연필을 받을 수 있는 보증수표. 그때의 콩닥거림이 지금도 느껴진다.

가을운동회의 묘미는 동네 잔치. 그날만큼은 온 마을 사람들이 모여 마음껏 즐겼다. 삶은 계란, 찐밤, 도시락을 이웃들과 나눠 먹었다. 신작로의 코스모스는 정취를 더해줬다. 그런 가을 운동회가 점차 사라진다고 하니 아쉽다.

체질 스트레스

어느 날부터 아이가 닭고기를 멀리했다. 월급쟁이 아빠의 주머니 사정은 고려하지 않은 채 늘상 쇠고기 타령을 했다. 통닭한 마리는 순식간에 먹어치우던 놈이라 궁금증이 생겼다. 이유를 물었더니 대답이 걸작이었다. "아빠! 태음인에게는 쇠고기가 좋대요. 닭고기는 소음인에게 좋고요." 한의사가 진맥을 해주면서 '태음인'이라고 말해줬던 것이다.

갱년기에 접어들면서 체질 얘기를 많이 한다. 태음인太陰人, 소음인少陰人, 태양인太陽人, 소양인少陽人 등 체질에 대해 저마다 한마디씩 들은 상식을 가지고 떠들어댄다. 이제마李濟馬의 사상의학四象醫學 붐 때문이다. 관련 서적이 베스트셀러가 되면서 신봉자도 덩달아 늘어났다.

그러나 아이들까지 체질에 신경 쓰느라 먹고싶은 것을 못 먹어야 하다니. 건강도 그렇지만 좋아하는 것을 포기해서 쌓이는 스트레스는 또 어떻게 풀까. 한국인의 80%는 잡식성인 태음인이라고 한다. 그렇다고 한국인 80%가 똑같은 섭생을 해야 한다는 게 사상의학의 본뜻은 아니지 않겠는가. 지나친 건강염려증이야말로 경계해야 할 대상이 아닌가 한다.

개팔자

나른한 여름 날 오후. 큰 대청마루에서는 할머니가 손자를 껴 안고 오수를 즐긴다. 할아버지는 퇴침을 베고 사랑방에 누워 드렁드렁 코를 곤다. 머슴들은 처마 밑 절구를 등받이 삼아 새 우잠을 청한다. 이렇듯 옹색한 사람의 낮잠에 비하면 개들은 형편이 훨씬 낫다. 심술궂은 주인을 안 만나면 늘어지게 낮잠 을 잘 수 있으니 말이다. 그래서 개팔자가 상팔자라고 했던가. 근래 들어 애완동물은 더 호강한다. 개와 고양이 등 애완동물 에 대한 주인들의 집착은 놀랍다. 별별 희한한 상품들도 선보 이고 있다. 애완동물용 생수, 강아지 요가, 애완동물 보험, 화 장실 시트, 신원확인용 DNA키트, 강아지 선글라스 등. 그러 다 보니 각종 아이디어와 함께 관련 산업도 날로 번창하고 있 다. 최근 영국 BBC 인터넷 판에 따르면 애완동물 부고란이 등 장했다. 한 줄당 광고 비용은 11.88파운드4만원로 사람의 부고 광고 비용과 동일하다는 것. 머잖아 애완동물용 수의壽衣까지 나올 판이다.

그러나 주변을 둘러보라. 독거노인, 소년·소녀 가장 등이 우 리의 따뜻한 손길을 기다린다. 동물보다 이웃을 더 멀리하는 세태가 안타깝다.

술은 독이다

30대 중반의 부부가 어느 날 한의원을 찾았다. 부인은 입이 석 자나 나와 있고, 남편은 풀이 죽어있었다. 직감상 보나마나 했다. 중병은 아니지만 남편의 버릇을 고쳐달라는 주문일성 싶었다. 이 부부와 의사간 3자대화가 시작됐다. 아니나 다를까. "아내술 때문에 왔습니다." "의사일주일에 몇 번 술을 마십니까?" "남편조금 마십니다." "아내일주일에 여섯 번이에요. 일요일에도 마시려는 걸 극구 말려요." "의사그럼, 매일 마시는군요." "아내그렇지요. 허구한 날 밤 12시니까요." "의사직장에서 상무이십니까?" "남편아닙니다. 대리입니다." "아내당신 술 상무잖아." "남편업무 때문에 그렇지." 서울 강동구에서 개업 중인 한의사가 소개한 에피소드다.

동의보감 '탕액편' 은 술을 약으로 기술하고 있다. 술은 모든 독기를 죽이며, 혈맥을 통하게 하고, 위장을 두껍게 하며, 피부를 윤택하게 하고, 걱정을 없애며, 언어를 크게 하고, 뜻을 창달한다. 그러나 오래 마시면 정신을 상하고 수명을 줄인다고 한다. 그렇다면 술이 약藥일까, 독毒일까.

조급증

우리나라 사람에겐 '빨리'라는 말이 입에 붙어 있다. 택시를 잡아타도 "빨리 갑시다."라는 말이 먼저 튀어 나온다. 서두를 일이 아닌데도 입버릇처럼 됐다. 집 안에서는 하루 종일 수십 번도 더 듣는다. "빨리 일어나라." "빨리 밥 먹어라." "빨리 학교에 가라." "빨리 공부해라." "빨리 불 끄고 자라." 이쯤 되면 '빨리' 노이로제에 걸릴 법도 하다.

외국인이 지적하는 우리나라 사람들의 공통적인 기질은 '조급증'이다. 매사에 그렇다. 특히 순서를 못 기다린다. 기다리면 손해를 볼 것이라는 피해의식 때문일까. 사람들이 미처 내리기 전 전철이나 엘리베이터를 비집고 올라타는 것은 예삿일이다. 차량이 수 킬로미터 줄지어 서 있는데 끼어들기를 하는 얌체족도 많다. 유턴 신호에서는 서둘러 돌리려다가 뒤엉키기 일쑤다. 기초질서부터 잘 지켜나가는 작은 실천이 민주주의의 기본이라는 것을 망각한 처사다.

영어 속담에 "Slow and steady wins the race."라는 말이 있다. "느려도 꾸준히 하면 경주에서 이긴다."는 뜻이다. 지금 우리에겐 이보다 더 절실한 말이 없을 것이다.

그림을 그리는 일은 흰 종이를 마련한 뒤에 가능하다. 마찬가지로 사람은 먼저 기본적인 인성이 갖추어져야 다른 일도 할 수 있다. － 논어

황혼여행

유럽 여행을 하다 보면 특히 노부부를 많이 만난다. 관광지를 둘러보면서 노년의 여유로움을 만끽하는 모습이 정겹다. 차림새도 소박하다. 대신 안내 책자와 메모지는 꼭 갖고 다닌다. 가이드의 설명에 연신 고개를 끄덕이면서 깨알같이 적는다. 역사학도가 고적지를 답사하는 것처럼 진지하고 학구적이다.

몇 해 전 로마에서 70대 후반의 미국 출신 노부부를 만난 적이 있다. 시내 중심가의 허름한 호텔에 함께 묵었다. 연금을 쪼개 2~3년에 한 번씩 해외여행을 한다고 자랑했다. 이들 역시 배낭 두 개가 짐의 전부였다. 샤워 시설은 공동으로 이용하고, 빨래도 손수 해결하니 돈 들 일이 없다고 했다. 한적한 식당에서 식빵과 우유 한 잔으로 아침을 때우는 모습에서도 행복감이 느껴졌다.

우리는 어떤가. 한 해 수백만 명이 해외여행을 하고 있다. 그러나 소박함과는 거리가 멀다. 놀자판이 많다. 골프여행도 그렇고, 짐 보따리도 작지 않다. 부끄러운 일이다. 모처럼 친구와 부부동반으로 강원도를 다녀오면서 20~30년 후 모습을 그려봤다. 로마에서 만났던 그들처럼 부부 여행의 묘미를 만끽할 수 있을까.

우리들은 행복이라는 물건을 만들 수 있는 재료와 힘을 가지고 있는데, 그것을 돌보지 않고 만들어져 있는 행복을 찾고 있다. 그러나 행복이란 파는 물건이 아닌 이상 살 수 없다는 것을 알아야 한다. – 알랭

선물

선물은 언제 받아도 기분이 좋다. 크든,작든 상대방의 정성이 담겨 있기 때문이다. 그러나 주는 기쁨은 더하다. 그래서 선물을 고를 땐 고심이 이만저만이 아니다. 꼭 필요한 것을 전해주면 금상첨화錦上添花. 하지만 그게 쉬운 일인가.

물건 자체에 의미가 담긴 선물도 많다. 연인들 사이에 주고받는 '반지'. 영원한 나의 것이 되어달라는 의미일 법하다. '흰색 손수건'은 이별, '빨간 손수건'은 정열을 뜻한다고 한다. 성공을 빈다면 '만년필'을 선물해도 좋을 듯하다. 못 이룰 사랑엔 '종이학'을 보낸다. 특히 여성들은 '초콜릿'을 선호한다. 당신을 사랑한다는 의미 때문 아닐까. 시집과 책은 고상한 축. 시간적 여유를 선사하기엔 더할 나위 없이 좋다.

4년 전 출판사를 통해 책을 선물 받았다. 한국 사회와 경제 위기에 대한 긴급처방전을 담은 지인의 저서였다. 첫 장을 넘기면서 유쾌함을 맛보았다. 정성스러운 글씨로 '촌평'을 부탁했다. 마침 무슨 책을 볼까 찾고 있던 터라 더욱 반가웠다. 휴가를 떠나는 가까운 이들에게 책 선물을 하면 어떨는지….

자유인

현대인에겐 자유가 너무 없다. 주변을 둘러보면 온통 자유를 속박하는 것들이다. 정보기술의 발달은 편리함을 안겨준 대신 자유를 앗아가 버렸다. 무선호출기가 그렇고, 휴대전화가 그렇다. 이것들을 몸에 지니고 있는 한 속박에서 벗어날 수 없다. 전국 어디를 가도 있는 곳이 노출되기 때문이다.

강남의 음식점에서 오래 전부터 알고 지내온 변호사 한 분을 만났다. 본의 아니게 그 분의 신세를 졌다. 우리 일행의 밥값을 먼저 내고 나간 것이다. 이튿날 감사전화라도 하려고 건네받은 명함을 꺼내 보았다. 그러나 휴대전화 번호가 없었다. 사무실 전화와 팩시밀리 번호만 적혀 있었다. 마침 휴일이어서 통화를 못하고 이틀 지나서 연락이 닿았다. 휴대전화 번호를 알려달라고 했더니 없다고 말한다. 잘못 들었나 싶어 재차 물었더니 "일과 후의 자유만이라도 만끽하고 싶어 휴대전화를 구입하지 않았다."고 설명했다.

'나는 자유인이고 싶네/사랑의 굴레와 속박으로부터 자유롭고 싶네/세속의 굴레에서 벗어나 자유인이 되리니…' 라는 전수남의 '자유인' 처럼 사는 그 변호사가 새삼 부럽기도 했다.

카투사

1980년대 초반 카투사KATUSA 시험이 처음 치러졌다. 미군 용병傭兵이라는 비난에도 불구하고 당시 대학생들 사이에 선풍적 인기를 끌었다. "영어 실력이라도 늘려보자."는 계산에 너도 나도 시험을 치다 보니 경쟁률이 대단했다. 그러다 보니 고학력자들이 많았다. 일부 대학 특정 학과에서는 절반 이상이 카투사병으로 입대하기도 했다.

군대 얘기는 남자들의 공통된 화제. 대학 복학생들의 무용담은 신입생과 재학생의 귀를 쫑긋 세우게 했다. 특수부대에서 호된 훈련을 받은 사람일수록 어깨를 으쓱했다. 그들의 경험담만 들어도 흥미진진했다. 공군이나 일반 육군은 명함을 내놓기가 쑥스러웠다. 카투사병은 더더욱 그럴 수밖에 없었다. 드러내놓고 자랑할 만한 추억들을 별로 간직하지 못한 탓이다. 스스로 더욱 투철한 반미反美주의자가 돼 있는 경우도 많았다.

카투사병으로 함께 근무했던 후배가 연락을 해왔다. 인터넷 신문을 검색하다가 우연히 알게 됐다는 것이다. 20여 년만의 소식이다. 미군들과 자존심 싸움을 하며 보냈던 그 시절이 떠올랐다.

요강과 비데

어릴 적 집안 여자들은 눈을 뜨자마자 요강부터 비웠다. 행여 그대로 두었다간 할아버지의 불호령이 떨어졌다. 대가족인 경우 서너 개의 요강을 비워야 한다. 놋쇠·양은·사기 요강은 가세家勢를 가늠케 했다. 때를 빼고, 윤을 내는 것도 아낙들의 몫이었다. 추운 겨울이면 특히 애를 먹었다. 오줌이 얼어붙어 잘 떨어지지 않았기 때문이다. 물을 데워 비우곤 했다.

그래도 소변은 요강으로 해결할 수 있었다. 하지만 대변은 그럴 수 없었다. 화장실을 이용해야 했다. 시골집은 화장실이 멀리 떨어져 있다. 귀신 얘기를 많이 들은 아이들은 밤에 혼자 못 갔다. 자는 엄마, 누이, 형제를 깨워 보초를 세웠다. 전기도 없다 보니 플래시와 양초는 비상 도구. 참지 못해 옷에다 싸버린 날이면 체를 머리에 쓰고 소금을 구하러 다니기도 했다.

지금은 어떤가. 요강이 어떻게 생겼는지 모르는 아이들이 많다. 화장실 문화 개선과 함께 요강도 고물古物이 돼가고 있다. 고속도로 휴게소 등의 공중화장실은 세계 어디에 내놓아도 손색이 없을 만큼 청결을 자랑한다. 오랜만에 찾은 생가에도 비데가 있었다.

백범읽기

대형 책방에 들렀다. 신간 서적 코너 몇 곳을 둘러봤다. 마음에 드는 책이 없어 막 나서려는 순간 한 권이 눈에 들어왔다. 김구金九 선생의 삽화가 그려진 '백범일지' 였다. 무조건 집어 들었다. 30여 년 전에 위인전을 읽은 적이 있지만 자서전은 처음이었다. 왠지 가슴이 뛰면서 부끄러운 마음도 들었다.

영웅의 생애는 첫 장부터 파란만장했다. 선생은 어려서부터 남달랐다. 동학에 입도한 18세에 '아기 접주' 라는 별명을 얻었다. 21세 때 치하포에서 쓰치다土田讓亮를 죽였다. 왜倭와 기약 없는 전쟁에 들어가도록 한 서곡이었다. 이후 인천감옥 탈옥, 걸시승乞詩僧 생활, 교원 활동, 체포, 가출옥. 선생이 상해 망명 길에 오른 것은 44세 때인 1919년. 1945년 해방과 더불어 귀국할 때까지 만 26년간 중국 대륙에서 '파노라마' 를 연출했다. 사선死線도 수없이 넘었다. 이보다 가슴 뭉클한 소설이 있을까.

선생의 염원은 오매불망 '조선 독립' 이었다. 1949년 운명할 때까지 국가와 민족 이외에는 생각을 하지 않았다. 모든 국회 의원과 공무원들에게도 '백범읽기' 를 권하고 싶다.

아버지

"저는 다시 아버지의 아들로 태어나고 싶습니다. 아버지는 단지 아버지일 뿐만 아니라 한 사람의 친구이기도 합니다." 프랑스 태생으로 세계적 베스트셀러 작가가 된 베르나르 베르베르의 아버지에 대한 회고다. 그의 소설에서 주요 장면마다 나오는 체스도 아버지로부터 배웠다고 한다. 흑과 백, 서스펜스, 상상력 등…. '개미' '아버지들의 아버지' '뇌' '타나토노트' '천사들의 제국' 등 작품은 30개 이상의 언어로 번역돼 읽히고 있다.

우리 언론에 보도된 아버지상은 어떨까. 갓 돌이 지난 딸의 온몸을 낚싯대로 때려 상해를 입힌 아버지, 차에 불을 질러 아내 세 자녀와 함께 숨진 아버지, 남매를 한강에 버린 아버지. 인면수심人面獸心을 한 사람으로 자주 비쳐진다. 비극이다. 아버지가 아이들에게 베풀 수 있는 가장 필요한 것은 무엇일까. 아이의 입장에서 어떻게 느꼈을 지를 상상해보면 즉시 답이 나온다. 사랑이다.

아이들에게 꿈과 사랑을 심어줄 수 있는 아버지가 되도록 노력하자. "난 널 사랑한다. 넌 잘 해낼 거야."

내 아버지가 누구였느냐는 문제가 안 된다. 중요한 것은 내가 아버지를 '어떤 사람이었다고 기억하느냐'는 점이다. — 앤 섹스튼